Die Radel-Bucket-List BAYERN

Wilfried und
Lisa Bahnmüller

✔25 Radtouren,
die man einfach
gemacht haben
muss

J. BERG

Schliersee im Herbst (Tour 13)

Inhaltsverzeichnis

Stille Stunden am Kochelsee (Tour 14)

Tourenüberblick

Tour

1	●	Steigerwald und MainRadweg	4.15 Std.	47 km	450 Hm
2	●	Weinberge um Volkach	3.00 Std.	34 km	250 Hm
3	●	Durch den Aischgrund	3.30 Std.	40 km	250 Hm
4	●	Brombachsee, Spalter Hopfenland	4.00 Std.	40 km	250 Hm
5	●	Um den Hesselberg	4.00 Std.	45 km	320 Hm
6	●	Entlang der Pegnitz	2.15 Std.	25 km	200 Hm
	●	Maintalradweg (Mehrtagestour)	7 Tage	442 km	
7	●	Von Vilseck nach Freihung	5.00 Std.	44 km	440 Hm
8	●	Von Wiesau nach Tirschenreuth	3.45 Std.	35 km	300 Hm
9	●	Von Schwarzenfeld entlang der Schwarzach	5.30 Std.	57 km	480 Hm
10	●	Von Regensburg nach Kallmünz	5.30 Std.	74 km	450 Hm
	●	Fünf-Flüsse-Radweg (Mehrtagestour)	5 Tage	293 km	
11	●	Von Burghausen nach Tittmoning	4.00 Std.	43 km	300 Hm
12	●	Vom Chiemsee nach Seeon	4.30 Std.	57 km	450 Hm
13	●	Vom Schliersee ins Leitzachtal	4.30 Std.	47 km	650 Hm
14	●	Benediktbeurer Moor	4.00 Std.	48 km	350 Hm
15	●	Von Weilheim nach Wessobrunn	3.15 Std.	35 km	200 Hm
16	●	Zwischen Ammersee und Starnberger See	4.15 Std.	49 km	500 Hm
17	●	Von Dachau nach Fürstenfeldbruck	4.30 Std.	49 km	240 Hm
18	●	Anlautertal und Altmühltal	5.00 Std.	69 km	350 Hm
	●	Innradweg: Von Kufstein nach Passau (Mehrtagestour)	3–4 Tage	240 km	
19	●	Von Dillingen entlang der Donau	4.30 Std.	52 km	180 Hm
20	●	Westliche Augsburger Wälder	4.30 Std.	60 km	550 Hm
21	●	Um den Forggensee	3.30 Std.	34 km	300 Hm
22	●	Von Pfronten ins Thannheimer Tal	3.00 Std.	34 km	400 Hm
23	●	Rund um den Alpsee	4.30 Std.	47 km	800 Hm
24	●	Illertal und Hörnerdörfer	3.15 Std.	30 km	550 Hm
25	●	Lindau und Leiblachtal	3.00 Std.	27 km	400 Hm
	●	Allgäuer Radrunde (Mehrtagestour)	7 Tage	475 km	

1	●	Steigerwald und MainRadweg	●		●				●	
2	●	Weinberge um Volkach	●		●	●				
3	●	Durch den Aischgrund	●		●	●				
4	●	Brombachsee, Spalter Hopfenland	●		●	●			●	
5	●	Um den Hesselberg	?		●	●				
6	●	Entlang der Pegnitz	●		●			●	●	
	●	Maintalradweg (Mehrtagestour)	●		●				●	●
7	●	Von Vilseck nach Freihung	●		●	●		●	●	
8	●	Von Wiesau nach Tirschenreuth	●		●			●	●	
9	●	Von Schwarzenfeld entlang der Schwarzach	●		●	●		●	●	
10	●	Von Regensburg nach Kallmünz	●		●			●	●	
	●	Fünf-Flüsse-Radweg (Mehrtagestour)	●		●			●	●	●
11	●	Von Burghausen nach Tittmoning	●		●	●		●	●	
12	●	Vom Chiemsee nach Seeon	●		●	●		●	●	
13	●	Vom Schliersee ins Leitzachtal	●		●			●	●	
14	●	Benediktbeurer Moor	●		●	●		●	●	
15	●	Von Weilheim nach Wessobrunn	●		●	●		●	●	
16	●	Zwischen Ammersee und Starnberger See	●		●	●		●	●	
17	●	Von Dachau nach Fürstenfeldbruck	●		●	●		●	●	
18	●	Anlautertal und Altmühltal	●		●	●		●	●	
	●	Innradweg: Von Kufstein nach Passau (Mehrtagestour)	●		●			●	●	●
19	●	Von Dillingen entlang der Donau	●		●	●			●	
20	●	Westliche Augsburger Wälder	●		●		●		●	
21	●	Um den Forggensee	●		●	●		●	●	
22	●	Von Pfronten ins Thannheimer Tal	●		●	●			●	
23	●	Rund um den Alpsee	●		●	●		●	●	
24	●	Illertal und Hörnerdörfer	●		●	●			●	
25	●	Lindau und Leiblachtal	●		●			●	●	
	●	Allgäuer Radrunde (Mehrtagestour)	●		●			●	●	●

Die 25 schönsten Radtouren in Bayern

Bayerns Landschaften sind so vielfältig und unterschiedlich und haben doch eines gemeinsam: Sie sind ein wahres Meisterstück der Natur.

Es war das reinste Vergnügen, die 25 schönsten Radtouren in Bayern zu entdecken, um sie ihn diesem Buch vorzustellen. Gleichzeitig aber hatten wir die Qual der Wahl, denn Bayern ist definitiv zu groß und zu schön für nur 25 Touren. Nach sorgfältiger Überlegung haben wir uns dann für diese 25 Touren entschieden, die fast über ganz Bayern verteilt liegen.

Unsere Auswahl ist nach sehr persönlichen Vorlieben entstanden, aber eine Voraussetzung hatten wir für jede der Touren: Alle führen stets durch eine herausragende und einmalige Landschaft. Es spielen sowohl Seen, Flüsse, Blumenwiesen, Aussichten, alte Baumbestände oder interessante geologische Gegebenheiten eine wichtige Rolle, ebenso wie die Kombination von Kunst und Kultur in Stadt und Land. Es sind Radtouren, bei denen der Spaß und der Genuss niemals zu kurz kommen. Badegelegenheiten, Tipps für Stopps am Wegesrand mit Besichtigungsmöglichkeiten sowie Wirtshaus- und Biergartenempfehlungen runden das Ganze ab.

Die 25 Radtouren machen natürlich Lust auf mehr. Deswegen gibt es für alle Regionen noch ein Special für die schönsten Mehrtagestouren in Bayern. Sie lassen uns die auserlesenen Landstriche noch intensiver erleben.

Dabei sind die Touren eine Mischung aus unterschiedlichen Schwierigkeitsgraden, die von der kurzen Nachmittagsrunde bis hin zu einer ausgedehnten, tagesfüllenden Strecke reichen. Wichtig ist uns, dass man alle Touren mit einer gewissen Grundkondition ohne Probleme nachradeln kann. Mit einem E-Bike ist dies natürlich einfacher.

Wir hoffen, dass Sie mit diesem Buch Bayerns schönste Landstriche besser kennenlernen. Lassen Sie sich inspirieren und machen Sie sich auf, diese einzigartigen Landschaften zu entdecken.

Wir wunschen Ihnen viel Spaß

Lisa und Wilfried Bahnmüller

Durch die Augsburger Wälder (Tour 20)

Praktische Informationen

Alle in diesem Buch beschriebenen Radtouren sind Rundtouren. Wir haben sie rein subjektiv in die Rubriken »leicht«, »mittel« und »schwer« unterteilt. Selbstverständlich empfindet dies jeder Radfahrer anders. Der Leistungsbogen der Touren ist dabei, was Länge, Höhenmeter und somit Kondition betrifft, sehr breit gespannt. Dabei sollten sich Anfänger mit zwei, drei leichteren Touren an die »Freiheit auf zwei Rädern« herantasten. Dazu gibt es viele gute Tipps auf der Homepage des Allgemeinen Deutschen Fahrradclubs (www.adfc.de).

Entlang des Weges lassen sich viele überraschende Motive einfangen.

Fahrzeiten, Höhenangaben, Tourencharakter Wir haben uns sehr um die exakte Längenangabe der Touren bemüht. Für die Zeitangaben gehen wir von einer Durchschnittsgeschwindigkeit von ca. 10 km/h aus. Auf ebener Strecke geht es etwas schneller voran, auf Steigungen dementsprechend langsamer. Bitte planen Sie genügend Zeit für Pausen, Einkehr- oder Besichtigungsstopps ein, denn diese wurden von uns nicht berücksichtigt. Öffnungszeiten von Sehenswürdigkeiten oder Ruhetage von Gaststätten können sich genauso wie Pächter oder Küchen verändern. Aktuelle Angaben können Sie schnell im Internet recherchieren. Viele der Touren eignen sich auch für Familien, deren Kinder sicher Fahrrad fahren. Einige sind kurz und manche längeren Touren lassen sich abkürzen, aber fast alle führen über sehr verkehrsarme Nebenstraßen. Die wenigsten führen überwiegend auf geteerten Straßen, denn wir bevorzugen einsame Feld- und Forstwege. Da kann der Untergrund dann schon einmal holprig sein und nach Regen gibt es oftmals Schlaglöcher. Gerade bei Auf- und Abfahrten ist dabei Vorsicht geboten. Kritische Stellen haben wir jedoch im Text und im Tourencharakter erwähnt.

Rad- und Wanderkarten Die Karten im Buch zusammen mit der Wegbeschreibung im Text reichen aus, um den Weg zu finden. Wer die Tour verlängern oder abkürzen will, sollte zur Orientierung eine zusätzliche Rad- bzw. Wanderkarte nutzen. Wir haben sehr gute Erfahrungen mit den Kompass-Karten gemacht, die noch dazu den Vorteil haben, dass sie fast überall erhältlich sind. Außerdem sind die GPS-Tracks zum Download unter gps.bruckmann hinterlegt.

Es gibt Verpflegungsmöglichkeiten in Hülle und Fülle, manchmal sogar eine richtige Fahrradtankstelle, wie bei Tour 19.

Einkehr/Verpflegung So gut wie überall gibt es Einkehrmöglichkeiten. Wir haben bei jeder Tour, wenn möglich, einen Tipp angegeben. Durchgehend warme Küche gibt es auf dem Land nicht immer, da manche Gaststätten sogar erst am Abend öffnen. Deswegen nehmen wir grundsätzlich reichlich zu trinken mit (Minimum einen Liter pro Person) und packen zumindest einen Apfel, Durchhaltekekse oder einen Müsliriegel ein. Oftmals ist das mitgebrachte Picknick oder die eigene Brotzeit am schönsten.

Ausrüstung Wir sind die Strecken mit einem Touren- bzw. Trekkingrad gefahren. Ein robustes Citybike ist auch in Ordnung, genauso wie ein Mountainbike oder E-Bike. Die Touren sind dafür in ihrer Länge so übersichtlich, dass sie locker mit einem vollgeladenen Akku zu bewältigen sind, deshalb haben wir keine Aufladestationen angegeben. Ein Rennrad ist eher ungeeignet, da wir neben verkehrsfreien Straßen und Wegen auch kleine, unebene Feld- und Forstwege benützen. Es gibt aber auch einige Steigungen zu bewältigen, bei denen ein paar Gänge das Fahren erleichtern.

Die Bekleidung ist natürlich von der Jahreszeit und vom Wetter abhängig. Wichtig ist eine gut gepolsterte Radhose. Sie schützt unseren Allerwertesten und ist dabei elastisch genug, um jede Bewegung mitzumachen. Gleichzeitig ist sie eng genug, damit sich die Hosenbeine nicht in der Kette verheddern. Wer sich in einer solchen Hose unwohl fühlt, kann auch eine gepolsterte Fahrradunterhose tragen. Sehr bewährt hat sich Funktionswäsche

Am Beginn der Iller im Oberallgäu

für die Oberbekleidung. Sie trocknet leicht und ist atmungsaktiv. Wegen der schattigen Waldwege packen wir auch im Sommer einen Pulli ein. Im Frühjahr und Herbst haben wir gerne sogenannte Windstopper-Jacken dabei. Sie halten den Fahrtwind ab, trotzdem schwitzt man nicht wie unter einer reinen Regenjacke. Letztere erfüllt natürlich ebenfalls ihren Zweck an regnerischen Tagen, von denen wir aber hoffen, dass Sie keinen einzigen erwischen werden. Da Sie praktisch in allen Seen und zum Teil auch in den Flüssen baden und schwimmen können, nehmen Sie im Sommer am besten Badesachen inklusive einer kleinen Decke oder eines Handtuchs als Sitz- bzw. Liegegelegenheit mit. Weniger wichtig, aber ganz praktisch sind Handy, Fotokamera, Sonnencreme, Brille gegen die Fahrtwindfliegen, Landkarten und Bestimmungsbücher für Flora und Fauna.

Sicherheit Beim Fahrradfahren gelten ein paar Regeln, die – wenn man sie beachtet – Unfälle vermeiden helfen. Ein Fahrradhelm ist zwar gesetzlich nicht vorgeschrieben, gehört aber zum Pflichtprogramm. Ebenso sollten Sie vor dem Start Ihre Ausrüstung und vor allem die Bremsen prüfen. Ein Erste-Hilfe-Notfalltäschchen sollte neben einem Ersatzschlauch und einer Luftpumpe (ohne Fahrradpumpe nützt das beste Flickzeug nichts!) noch Platz im Rucksack oder in der Fahrradtasche haben.

Vor allem im Herbst wird es früh dunkel. Falls Sie ein Fahrrad ohne funktionierende Beleuchtung besitzen, tragen Sie zumindest einen Fahrradhelm mit eingebauten Leuchtdioden oder beenden Sie Ihre Runde rechtzeitig vor Anbruch der Dunkelheit. Bei feuchter Witterung müssen Sie besonders bei steilen Abfahrten mit rutschiger Fahrbahn rechnen. Fahren Sie deshalb abwärts stets überlegt und mit großer Rücksichtnahme – vor allem, wenn es sich um ungeteerte Feldwege handelt. An manchen Stellen sollte man dann aus Sicherheitsgründen lieber schieben. Das gilt übrigens sowohl für Fußgängerbereiche als auch für sensible Natur- oder Wildzonen. Wir dürfen keinesfalls abseits der Wege und Pfade oder gar querfeldein radeln. Viele Gebiete befinden sich in Privatbesitz, dort dürfen wir uns nur aufgrund der Toleranz und Duldung der Eigentümer bewegen. Deshalb sollten Weidegatter auch immer wieder verschlossen und Absperrungen akzeptiert werden. Zur Sicherheit für die Räder packen Sie immer ein Fahrradschloss ein. Es wäre schade, wenn man nach einem Stopp ein böses Erwachen erlebt.

Anfahrt Fast alle Ausgangsorte der Touren lassen sich mit öffentlichen Verkehrsmitteln erreichen. Das ist umweltverträglicher und erspart den Blechlawinenstau am Abend. Nur die Ausgangsorte zu den Touren 2, 3 und 5, sind nicht ohne eigenen Pkw zu erreichen.

An der Mainschleife bei Escherndorf

Der Norden

1 Mittel | 47 km | 450 Hm | 4.15 Std.

Steigerwald und MainRadweg

Über die Höhenzüge bei Lohr am Main

Lohr am Main erzählt davon, die Heimat von Schneewittchen zu sein. Der Steigerwald und viele Hügel reihen sich um die Stadt. Wir werden jedoch nur einen der Hügel queren, um in Gemünden an den Main zu treffen, der dann unseren gemütlichen Rückweg vorgibt.

✔ Darum einzigartig

Am Wasser entlang und hinein in den Spessart, zu einer alten Wallfahrtskirche und über die landwirtschaftliche Hochebene der Marktheidenfelder Platte zu den trockenen Muschelkalkhängen im Naturschutzgebiet Ständelberg. All dies dürfen wir bei dieser Rundtour entdecken und erleben somit den Main-Radweg einmal von einer ganz anderen Seite.

Wallfahrtskirche im Wald Mit der Altstadt von Lohr im Rücken queren wir den Main auf der Alten Mainbrücke und radeln dann nach rechts in einem Kringel hinunter an den Main. Jetzt geht es unter den Bögen der Brücke durch und schon sind wir auf dem MainRadweg unterwegs. Wir passieren den 50. Breitengrad und sind kurz darauf in Steinbach. Dort verlassen wir den MainRadweg und folgen der Beschilderung rechts nach Mariabuchen. Auf der Buchentalstraße verlassen wir den kleinen Ort, dabei passieren wir noch am Ortsrand die schöne Schürgermühle, die heute als Wohnhaus dient. Sie ist eine von vielen Mühlen, die früher im Buchenbachtal geklappert haben. Die Straße steigt anfangs noch gemächlich an, kurz vor der Wallfahrtskirche halten wir uns rechts und es geht für gut 250 Meter steil bergauf. Für E-Bike-Fahrer ist das zu schaffen, alle anderen schieben das kurze Stück zum Gotteshaus hinauf. Die barocke Kirche liegt am Fränkischen Marienweg und ist bis heute Ziel zahlreicher Pilger und Ausflügler. Das zeigen uns schon allein die zwei danebenliegenden Wirtshäuser Buchenstüble und Waldrast, wobei es mit der etwas tiefer gelegenen Buchenmühle sogar eine dritte Möglichkeit zur Einkehr gibt.

Im dunklen Wald Für die Weiterfahrt verlassen wir nun den eigentlichen Radweg. Er führt nämlich steil weiter aufwärts, überdies müssen wir mit Autoverkehr rechnen. Das wollen wir umgehen und deshalb halten wir uns direkt rechts von der Kirche auf dem Fränkischen Marien-Wanderweg. Etwas Vorsicht ist geboten, anfangs führt er uns etwas holprig und steil hinunter zum Buchenbach. Und natürlich haben Wanderer hier Vorrang. Unten queren wir den Bach und treffen gleich auf einen bequemeren Forstweg, dem wir nach rechts folgen. Jetzt führt uns die Beschilderung nach Steinfeld/Hausen herrlich einsam durch dichten Wald. Ein wunderbarer Streckenabschnitt, den man fast schon mit

Lohr am Main gilt als Schneewittchenstadt.

Waldbaden gleichsetzen kann. Irgendwann taucht dann auch wieder ein erstes Radwegschild auf, das uns langsam an den Waldrand zur Schneise des Buchenbaches bringt. An dieser Schneise orientieren wir uns und halten uns rechts. Dabei passieren wir jeweils mit Abstand die Reusenmühle, die Mittelmühle und schließlich die Obermühle. In Sichtweite der ersten Häuser von Hausen bleiben wir geradeaus und folgen der Beschilderung nach Rohrbach.

Über die Marktheidenfelder Platte Dafür queren wir gleich darauf die kleine Straße in den landwirtschaftlichen Weg, dem wir nun schnurgerade nach Westen folgen. Jetzt haben wir den Steigerwald verlassen und sind auf der Fränkischen Platte, genau genommen auf der Marktheidenfelder Platte, angekommen. Die hügelige Hochfläche ist ein Naturraum, der vom Main eingerahmt ist. Weite Gebiete sind durch intensiven Ackerbau geprägt, es gibt aber auch Streuobstwiesen, kleine Wäldchen und Trockengebiete. Mit einem großzügigen Links-rechts-Schwenk geht es nun minimal ansteigend zur Kreuzkapelle auf dem Erlenberg. Der rechte Fensterladen des Gotteshauses lässt sich öffnen und erlaubt einen Blick in das Innere. Ansonsten genießen wir diesen idyllischen Fleck mitten in der Natur auf der beschaulichen Lichtung, umrahmt von vielen zum Teil mächtigen Bäumen. Im Anschluss geht es ohne jede Mühe abwärts. Auf dem Kapellenweg kommen wir nach Rohrbach. Dort radeln wir zur Hauptstraße und folgen ihr nach rechts. Sie wendet sich nach rechts, während wir geradeaus der Radwegbeschilderung wieder auf einen Feldweg folgen.

Von Gemünden geht es dann auf dem MainRadweg zurück.

Ganz mystisch liegt der Kreuzweg in einem Wald bei Rohrbach.

Trockenrasen, Wacholder und Kalkstein An der Wegegabelung weist uns das Schild nach links. Wir queren den Ziegelbach und umcruisen nun schon die ersten auffälligen trockenen Hügel, die aus Kalksteinschichten bestehen. Am Wegedreieck links geht es bald unter der Bahn durch. Nach dem Solarfeld biegen wir links auf den Radweg ein. Im Auf und Ab radeln wir nun entlang der Gleise, die sich oft hinter dicken Wildschutzhecken verstecken, dabei überqueren wir zwei Autostraßen. Dann sind wir am Rand des Naturschutzgebietes Mäusberg-Rammersberg-Ständelberg unterwegs. Die drei Hügel bestehen vor allem aus Muschelkalk und prägen durch den kargen Boden die Flora nachhaltig. Kiefern, Steineichen und Wachholder wechseln sich ab. Bis Mitte April blühen Küchenschellen und das gelbe Adonisröschen, im Herbst biegen sich die Zweige voller Schlehen und Hagebutten. Der steinige Boden ist ein hervorragender Wärmespeicher und davon profitieren Baumarten wie die Elsbeere, aber auch Heuschrecken, deren weite Sprünge mit blau-roten Flügelschlägen unterstützt werden.

Ins Maintal Schließlich führt der Weg abwärts und wir erreichen an der Bahnunterführung nach Wiesenfeld eine quer verlaufende Straße. Nun verlassen wir den Radweg und folgen rechts der Straße bergauf. Nur ein kleines Schild zum NSG Ständelberg zeigt, dass wir richtig sind. Ein letzter kleiner Aufschwung mit 8 Prozent Steigung ist nötig, dann kontrollieren wir besser die Bremsen, denn alle heute gewonnenen Höhenmeter verlieren wir bei der sehr steilen Abfahrt ins Maintal. Unweit von Harrbach treffen wir auf den Fluss, dem wir nun nach links folgen.

Startplatz der Tour ist die Alte Mainbrücke in Lohr.

Gemünden am Main Jetzt wird es gemütlich: Flach und eben radeln wir an Altwasserarmen entlang und queren bei Kleinwernfeld den Main auf einer Rad- und Fußgängerbrücke. Danach gibt der Fluss weiter die Richtung vor. Ein dicker Flussfrachter begleitet uns träge. Dann bremst uns die kleine Stadt Gemünden aus. Die überschaubar kleine Altstadt duckt sich unter der Ruine Scherenburg und liegt an der Mündung der fränkischen Saale in den Main. Der Ort ist ein beliebter Fahrradfahrertreff, denn er ist ein Knotenpunkt für viele überregionale Fernradwege. So lassen auch wir uns einen Cappuccino auf dem Marktplatz schmecken, bevor wir uns auf die letzten Kilometer der Rückfahrt machen.

Diesseits und jenseits des Mains Wir verlassen Gemünden auf der Saalebrücke und wenden uns danach nach links. So erreichen wir unweit des Kreisverkehrs wieder den MainRadweg. Auf beiden Uferseiten führen die Strecken zurück nach Lohr. Verkehrsberuhigter und nicht so eingequetscht zwischen Straße und Bahn ist der Radweg auf der linken Mainuferseite. So nehmen wir Schwung und radeln in einem Bogen hinauf zur neuen Brücke, die erst 2019 eingeweiht wurde. Mit einem schönen Blick auf Gemünden und seine Ruine verabschieden wir uns von der Stadt und setzen mit einer Schleife unsere Weiterfahrt entlang des Mains fort. Kurz darauf unterqueren wir das nächste imposante Bauwerk: die große ICE-Bahnbrücke über den Main. Kurz darauf erreichen wir Hofstetten, wo wir für ein kurzes Stück nach links den Main verlassen, um durch Streuobstwiesen die Flussschleife etwas abzukürzen. Bald sind wir aber wieder in Flussnähe und radeln am Fuß des Salzberges an Auwäldern entlang. Bis vor 15 Jahren gab es hier eine große Graureiherkolonie, jetzt freuen wir uns, wenn wir überhaupt ein Exemplar zu Gesicht bekommen. Aber auch ohne die langbeinigen Vögel ist der Radweg schön und naturbelassen. Bald erreichen wir die Staustufe Steinbach und mit einem Schwenk nach links wieder die Abzweigung, die wir vom Beginn der Radrunde schon kennen. Nun ist es ein Leichtes, zurück über den 50. Breitengrad nach Lohr zu radeln, wo uns die Alte oder diesmal die Neue Mainbrücke in die Altstadt führt.

✔ Nicht versäumen

Viel Zeit räumen wir uns im Anschluss der Radtour für eine Stadtbesichtigung in Lohr am Main ein. In der »Schneewittchenstadt« gibt es viel zu entdecken, alleine für das Spessartmuseum lohnt es sich, einen Tag zu verlängern.

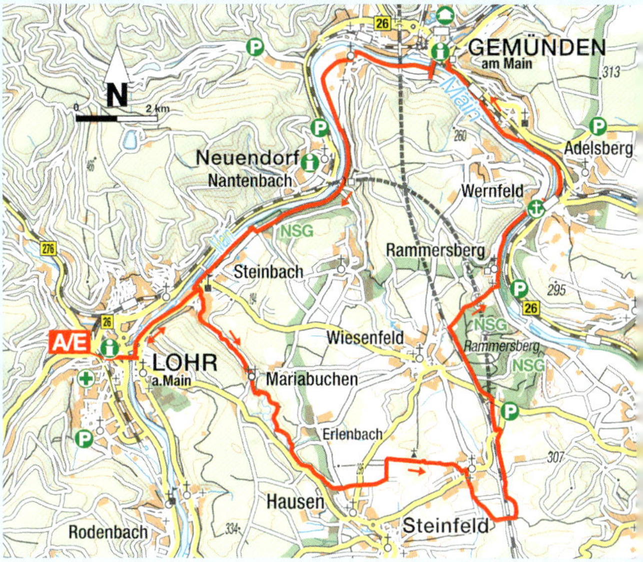

✔ Hier geht's lang

Ausgangs- und Endpunkt: Alte Mainbrücke in Lohr am Main

Tourencharakter: Rundtour meist auf Radwegen. Zu Beginn längere Auffahrt auf die Mainhöhe. Streckenweise geht es etwas holprig durch den Wald. Danach wenig Schatten.

Bahn: Lohr am Main, von dort der Radwegbeschilderung in die Altstadt bzw. zur Mainlände folgen.

Auto: Lohr am Main liegt an der Bundesstraße 26. Großer Parkplatz an der Mainlände direkt am Mainufer auf der Altstadtseite.

Übernachtung: Sehr nett mit einem kleinen romantischen Garten, in dem man abends noch einen Schoppen Wein trinken kann, liegt das Hotel Bundschuh in Fußweite zur Altstadt. Sehr gutes Frühstück und ruhige Zimmer (www.hotelbundschuh.de).

Einkehr: Unterwegs nur an der Wallfahrtskirche Mariabuchen oder in Gemünden am Main. Dort gibt es jedoch viele Möglichkeiten am Marktplatz.

Information: www.lohr.de, www.frankentourismus.de

2 Mittel | 34 km | 250 Hm | 3 Std.

Durch die Weinberge um Volkach

Genusstour zwischen Wein und Kunst

In Reih und Glied stehen dicht gedrängt die Rebstöcke Spalier, im Herbst schwer bepackt mit süß duftenden Trauben. Nur im Tal tanzt das silbrig glänzende Band des Maines mit seinem weiten Bogen aus der Reihe. Mit Aussicht und mediterranem Flair geht es heute von Volkach über Dettelbach und Sommerach durch das Herzstück des fränkischen Weinanbaus.

✔ Darum einzigartig

Die perfekte Naturkulisse zwischen Flussschleife, steilen Rebhängen, welligen Feldern und üppigen Obstgärten in Kombination mit kunstreichen Kirchenschätzen und liebevollen Dörfchen lehrt uns Müßiggang, der sich trotz Bewegung einzigartig mit Besinnen und Genießen verbinden lässt.

Über der Mainschleife Wir starten am romantischen Volkacher Marktplatz, radeln rechts vom Rathaus auf der Georg-Berz-Straße hinunter zum Main und überqueren ihn auf der großen Brücke. An der anderen Flussseite passieren wir den Bahnhof der Mainschleifenbahn und biegen dann ca. 300 Meter weiter links zur Escherndorfer Straße ab. Das Radwegschild zur Vogelsburg weist uns hier nach rechts. Dieser Radweg verläuft abgetrennt, aber dennoch direkt entlang der großen Bundesstraße, und das hat uns nicht so gut gefallen. Deswegen radeln wir in die Escherndorfer Straße und wählen dann rechts die Blumenstraße. Eine Auffahrt steht nun an. Am Ende der Blumenstraße biegen wir nach rechts ab und folgen dann der Linkskurve in die Weinberge. Wer kein E-Bike hat, muss sich jetzt etwas anstrengen, aber die schöne Aussicht entschädigt uns. Links blicken wir über die besten Weinlagen Frankens auf Escherndorf und Nordheim. Die zwei berühmten Weinorte werden durch die Mainschleife voneinander getrennt. Dann nähern wir uns der Vogelsburg. Wer sie besuchen möchte, biegt etwas davor nach rechts und trifft auf den eigentlichen Radweg. Er wird ganz schmal und führt hinter der Vogelsburg vorbei zu ihrem großen Parkplatz. Die aussichtsreiche Weinterrasse des Hotels und Restaurants Vogelsburg lockt zu einem ersten Schoppengenuss. Aber versprochen, es kommen noch mehrere Möglichkeiten. So genießen wir nur die Aussicht und folgen dann der Beschilderung nach Escherndorf.

Escherndorfer Lump Zunächst geht es noch durch die Weinberge, dann folgen wir der Straße steil bergab nach Escherndorf. Die kleine Lourdeskapelle verdient einen kurzen Stopp, danach setzen wir in der Ortsmitte an der Kreuzung unsere Radtour nach rechts fort (Schild »Neuses am Berg«). Zunächst geht es unweit des Mains entlang der berühmten

St. Andreas in Köhler am Main

Am Volkacher Marktplatz beginnt und endet die Tour; glücklich, wer danach noch Zeit hat, in einem der Straßencafés zu sitzen.

Rebreihen des Escherndorfer Lumps, von dem schon Johann Wolfgang von Goethe gerne getrunken hat. Wir bewundern vor allem die steilen Hänge, die sich neben der Straße in den blauen Himmel ziehen, und können uns vorstellen, was für eine anstrengende, eben lumpige Arbeit hinter den guten Tropfen steckt. An den ersten Häusern von Köhler teilt sich der Radweg, beide sind nach Neuses ausgeschildert. Wir können von den tollen Aussichten über die Weinberge und auf das Maintal nicht genug bekommen; deshalb haben wir den rechten ansteigenden Radweg gewählt. Er kostet zwar einiges an Kondition, aber die Aussicht entschädigt uns. Bald haben wir die Höhenwege erreicht und fahren wieder entspannt im Zickzack durch die Weinlagen. Vorbei am Aussichtsturm erreichen wir Neuses. Der kleine Ort lebt vor allem vom Weinbau, aber mittlerweile pflanzt ein Winzer sogar Kiwi- und Gojibeeren (am Sportplatz). Geradeaus geht es auf der Dorfstraße durch den Ort, wir folgen am Ende ihrer Linkskurve. Über die Kreuzung geht es geradeaus und nach dem Friedhof biegen wir rechts ein, den Schildern nach Dettelbach folgend.

Dettelbach, seine Wallfahrt und Muskazinen Neben uns wechseln sich jetzt Felder und sanfte Hügel ab. Ein Anblick wie in der Toskana, den wir umso mehr genießen, weil wir nur abwärtsrollen. Wenn wir auf die ersten Häuser treffen, folgen wir der Straße in Fahrtrichtung und erreichen so das Kloster Dettelbach mit seiner wunderschönen Wallfahrtskirche Maria im Sand. Das prachtvoll verzierte Westportal zeigt, welch große Bedeutung das Gnadenbild hat. Sehr viel weltlicherer Natur ist das Restaurant gegenüber mit angeschlossenem Café. Hier kann man Muskazinen probieren, eine regionale Gebäckspezialität, die etwas an Gewürzlebkuchen erinnert und in Schleifenform gebacken ist. Das Hauptgeschäft ist das Café Kehl, die älteste Konditorei der Stadt, die jedoch weiter unten in der Altstadt liegt. Für die Besichtigung Dettelbachs folgen wir dem Wallfahrtsweg gegenüber der Kirche und fahren am Hotel Franziskaner vorbei. So erreichen wir durch das Obere Stadttor auf der Falterstraße den Marktplatz. Das hübsche Zentrum lockt für eine Pause, bevor wir uns auf den MainRadweg stürzen.

Gnadenbild Maria im Sand

Schwarzach und Sommerach Für die Weiterfahrt geht es vom Rathaus am Stadtbach entlang und wir biegen kurz vor dem Main links in die Straße Am Maintor ein. Jetzt radeln wir entlang der Stadtmauer und bleiben dann geradeaus Richtung Industriegebiet. Ab hier würden uns die offiziellen MainRadweg-Schilder nach Schwarzach lotsen, dabei radelt man auf einem Radweg, der jedoch nur wenige Meter von einer großen Bundesstraße abgetrennt verläuft. Eine schnelle, aber für uns wenig verlockende Aussicht. Viel schöner, aber eben nicht der offizielle Radweg, ist der direkte Mainuferweg, wobei er bei und nach Hochwasser feucht sein kann und überdies auf einem naturbelassenen Untergrund verläuft. Dafür biegen wir am Parkplatz beim Edeka nach rechts und queren an der Aral-Tankstelle die Straße. Auf der anderen Seite geht es »An der Mainlände« abwärts zum Fluss, nach dem Wohnmobil-Stellplatz folgen wir dem Uferweg. So kommen wir am großen Baggersee, dem Kleidersee und der Staustufe vorbei zum eigentlichen Mainweg. Er bringt uns recht ruhig zur Brücke bei Schwarzach. Hier queren wir den Main und radeln dann in einer Schleife auf den MainRadweg hinunter. An der Mündung der Kleinen Schwarzach lohnt sich nach rechts ein Abstecher zur großen Benediktinerabtei Münsterschwarzach. Ihre beiden dunklen Türme sind schon von Weitem zu sehen. Münsterschwarzach war eines der großen Benediktinerklöster am Main. Nach der Säkularisation ist es völlig zerfallen. In der ersten Hälfte des 20. Jahrhunderts begann ein Wiederaufbau des Klosters. Die neue Klosterkirche mit ihren vier Türmen erinnert vor allem in ihrem Inneren beim ersten Hinsehen an die Zeit der Romanik. Den Chorraum dominiert ein überlebensgroßes Kruzifix, das vor allem durch die geschickte Beleuchtung den Blick auf sich zieht. Nach dem Besuch geht es auf dem MainRadweg weiter, wobei wir ab Gerlachshausen eigentlich nur noch dem Mainkanal folgen, der Fluss wendet sich hier nach links. Ein Stück nach der nächsten Schleuse müssen wir aufpassen und uns rechts

Der Herbst färbt die grünen Weinberge blau.

leicht bergauf auf den schlechteren Weg begeben. So kommen wir zur Brücke und können nach links den Kanal queren. Sommerach ist ausgeschildert. Über Felder mit vielen Obstbäumen erreichen wir den malerischen Weinort durch das Schwarzacher Tor. Das Dorf mit seinen heimeligen Fachwerkhäusern und den vielen Weinschänken ist ein Eldorado für Weinliebhaber und Genießer. Nach der Pause verlassen wir Sommerach vom Kirchplatz aus in die Nordheimer Straße. Bei ihrem Linksknick wählen wir rechts die Raiffeisenstraße (Schild »Volkach über Baumallee«) und verlassen schließlich den Ort auf der Weinstraße.

Baumallee und Riemenschneider Gleich am Ortsende beginnt die Baumallee, unzählige Apfel-, Birn- und Zwetschgenbäume säumen den Radweg. Mirabellen, Kirschen, Renekloden oder der Speierling mischen sich dazu. So gibt es ab dem frühen Sommer fast immer etwas zu naschen. Ein Geschenk der Natur und zahlreicher Baumpaten. Die Bäume begleiten uns zur nächsten Brücke, an der wir wieder den Kanal queren, und dann ist es nicht mehr weit nach links am Kanal entlang nach Volkach. Bevor wir uns zum Abschluss am Marktplatz noch den einen oder anderen Schoppen gönnen, ist ein Abstecher zur bereits sichtbaren Wallfahrtskirche Maria im Weingarten sehr zu empfehlen. Sie ist schnell ein Stück weiter über den Radweg erreicht (von Ende Mai bis Oktober täglich 10–17 Uhr, dann nur Freitag/Samstag/Sonntag geöffnet, Januar/Februar geschlossen). Die bis ins späte Mittelalter zurückgehende Ausstattung der Kirche ist weitgehend erhalten geblieben. Der absolute Höhepunkt ist die Madonna im Rosenkranz, die Tilmann Riemenschneider um 1520 geschaffen hat. Die Muttergottes schwebt unter dem Chorbogen. Ihre feingliedrigen Hände tragen das Jesuskind. Ein Strahlenkranz, in dem musizierende Engel schweben, umgibt die Figur.

✔ Nicht versäumen

Maria im Sand ist einer der wichtigsten Wallfahrtsorte des Bistums Würzburg. War es ursprünglich nur ein Bildstock, zu dem Not leidende Menschen pilgerten, um im Gebet Hilfe zu erlangen, so wurde es im Laufe der Jahrhunderte eine respektable Kirche. Der rundum zugängliche Gnadenaltar macht das Gnadenbild von drei Seiten her sichtbar.

Ein Teil der Tour verläuft verkehrsfrei auf den Wirtschaftswegen durch die Weinberge.

✔ Hier geht's lang

Ausgangs- und Endpunkt: Marktplatz Volkach

Tourencharakter: Eine etwas längere und hügelige Rundtour, die im ersten Abschnitt bis Neuses einige Steigungen aufweist. Meist auf bequemen Radwegen, kleinen Nebenstraßen; nur in den Orten ist mit Autoverkehr zu rechnen.

Bahn: Keine Möglichkeit, die Mainschleifenbahn ist nur mehr eine Museumsbahn.

Auto: Volkach ist über die Autobahn A3 Nürnberg–Würzburg, Ausfahrt Kitzingen/Schwarzach über Schwarzach zu erreichen. Große Parkplätze vor und nach dem Kreisverkehr.

Übernachtung: Mitten am Volkacher Marktplatz befindet sich in einem romantischen Fachwerkhaus das kleine Hotel und Restaurant Behringer. In einigen der gerade einmal 16 modern eingerichteten Zimmer schläft man unter uralten Holzbalken (www.hotel-behringer.de).

Einkehr: In Volkach, Dettelbach und in Sommerach gibt es viele Möglichkeiten. In Sommerach sind der Gasthof zum Weißen Lamm und die Villa Sommerach mit ihrem traumhaften Gartenambiente und den guten Weinen sehr zu empfehlen. Für Radler ein guter Treff ist das Vivendi Café und Weinbistro in Dettelbach: leckere fränkische Küche samt Flammkuchen.

Information: www.volkach.de

3 Leicht | 40 km | 250 Hm | 3.30 Std.

Von Höchstadt durch den Aischgrund

Kräuter und Karpfen

Mitten durch die malerische Teichlandschaft des Aischgrunds führt diese Radtour. Sie kombiniert in einer herrlichen Runde ein Teilstück des beliebten Aischradweges mit einer Kräutererkundung und dem Uehlfelder Karpfenweg.

✓ Darum einzigartig

Der Aischgrund mit seinen vielen Hunderten an Fischteichen, in denen vor allem Karpfen gezüchtet werden, ist nicht nur wegen seiner landschaftlichen Vielfalt, sondern auch wegen seiner großen Storchenpopulation bekannt. Dazwischen passieren wir fränkische Kräuterfelder, die reich an Zitronenmelisse, Sonnenhut oder Meerrettich sind. Zum Abschluss wartet noch das nette Städtchen Höchstadt auf einen Besuch.

Von Höchstadt nach Lonnerstadt. Gleich zu Beginn der Radtour bewundern wir die wunderschön geschwungene alte Steinbrücke, die in Höchstadt über die Aisch führt. Parallel dazu quert die neue Autobrücke den Fluss, aber natürlich ist es viel malerischer, über das Kopfsteinpflaster der alten Brücke in Richtung Altstadt zu rumpeln. Unmittelbar nach der Brücke biegen wir links ein. So befinden wir uns außerhalb der Altstadtmauer und fahren auf einem schmalen Weg zwischen dem Fluss und dem ehemaligen Schloss, in dem sich heute das Landratsamt befindet. Durch die niedrigen Torbögen beginnt unser Radweg gleich einmal spannend, aber Achtung: langsam fahren und unbedingt Kopf einziehen! Im kleinen Park halten wir uns dann links und folgen der Radwegbeschilderung nach Lonnerstadt. Kaum sind wir auf den Feldern, zeigt das Rad-Symbol nach rechts; an dieser Stelle darf man es ignorieren und einfach geradeaus dem Weg über die Felder folgen. So bleiben wir zunächst an der Aisch, biegen dann aber an der T-Kreuzung nach links und befinden uns nun wieder auf dem »offiziellen« Radweg. Er wendet sich an der Bundesstraße nach rechts und bringt uns im Anschluss zu einer Autostraße. Dieser folgen wir nach links und sind schon in Lonnerstadt. Leicht rechts haltend geht es auf der Hauptstraße in den Ort, an ihrem Ende wenden wir uns in einer Kurve nach links.

Kräuterrundweg nach Vestenbergsgreuth Wir verlassen Lonnerstadt in südlicher Richtung und queren dabei die Kleine Wiesach. Gleich bei der nächsten Möglichkeit biegen wir rechts ein und sind nun auf dem Kräuterrundweg unterwegs, das Symbol dafür sind Kamilleblüten. (Radwegschild »Vestenbergsgreuth«) Gleich darauf queren wir eine größere Straße, dann radeln wir über Felder und passieren viele Infotafeln zum Thema Kräuter. Dann durchqueren wir Fetzelhofen und halten uns an der großen

Doppelter weiß-blauer Himmel in den Teichen des Aischgrunds

Weggabelung links. Rechts von uns mäandern die Kleine Wiesach und der Mühlbach durch die Wiesen, im Sommer steht das Gras so hoch, dass sie kaum zu sehen sind. Wir passieren Frimmersdorf und ein Stück später Weickersdorf. An der Hermersdorfer Mühle bewundern wir die Kräuterfrau, eine Klotzbeute, in der Bienen gehalten werden. Im Verlauf unserer Radtour treffen wir noch auf zwei weitere Skulpturen der Künstlerin Birgit Jönsson, die alle Persönlichkeiten aus den Kräutergemeinden repräsentieren. In Hermersdorf halten wir uns wieder links und erreichen leicht aufwärts die Häuser von Vestenbergsgreuth. Auf der Hauptstraße nach rechts fahren wir zur Ortsmitte und besuchen noch einmal rechts haltend den in Terrassen angelegten Kräutergarten der Martin Bauer Group. Diese große Firma mitten im Ort liefert unter vielen anderem Kräuter-, Früchte- und Arzneitees sowie aromatisierte Schwarz- und Grüntees an Kunden aus der Lebensmittelbranche. Zum Sortiment zählen mehr als 200 Pflanzen. Wer sich dafür interessiert, kann unter der Woche den Greuter Teeladen besuchen.

Egelsbacher Karpfenweiher Nach der Kräutergarten-Besichtigung verlassen wir Vestenbergsgreuth in südlicher Richtung. Immer noch begleitet uns das Kräuterrundweg-Symbol und die Radwegbeschilderung nach Uehlfeld. Zunächst müssen wir einen Anstieg meistern. Der führt zum Glück durch einen angenehm schattigen Waldabschnitt. Oben angekommen geht es schon wieder über Felder, wobei wir das Radwegschild nach dem Wäldchen nach links nicht übersehen dürfen. Dort biegen wir auf einen Feldweg ein, der uns zunächst am Waldrand entlangführt. An der Abzweigung bleiben wir geradeaus und radeln durch den Wald zu einer Lichtung. Dort wendet sich unser Radweg nach rechts

Vor der Vogelwarte am Uehlfelder Karpfenweiher stehen kleine bunte Karpfen, die den Themenweg markieren.

und nun sind wir am Egelsbacher Karpfengrund unterwegs. Der schöne Weg führt durch lichten Föhrenwald mit dicken Blaubeerbüschen. Es dauert nicht lange und die ersten Fischweiher tauchen auf. Wie an einer Schnur reihen sie sich aneinander, ein kleiner Aussichtturm verschafft uns Überblick. Die vielen Teiche sind wunderschön anzusehen, Libellen tanzen in der Luft, Frösche quaken laut und einige Enten suchen die Weiher nach Futter ab. Kurz nach dem Turm biegt unser Radweg nach rechts ab, führt langsam aus dem Wald und dann abwärts durch den Ort Tragelhöchstädt. Dort queren wir geradeaus die Autostraße und gleich darauf das Bächlein Weisach. Die Feldstraße steigt wieder an, wir müssen zum Glück nicht den ganzen Hügel hoch, unser Radweg biegt gnädigerweise weit vorher nach links fast eben über die Felder ab. Nun fahren wir schnurgerade in östlicher Richtung. Zum einen bewundern wir die vielen Meerrettichfelder links und rechts von uns, zum andern staunen wir über den Straßenbauer, der hier in einer wohl wochenlangen Geduldsaktion Abertausende von Betonsteinchen verlegt hat. Der Weg endet an einer Straße, der wir nach links folgen. Nach dem Solarfeld biegen wir rechts in die größere Straße ein und passieren das Uehlfelder Gewerbegebiet. So erreichen wir an einem Wegedreieck den Ortsrand von Uehlefeld, wo uns das Straßenschild mit der Warnung vor tief fliegenden Störchen neugierig macht.

Viele Hausdächer in Uehlfeld an der Aisch sind von Storchennestern besetzt.

Uehlfeld und seine Klapperstörche Deshalb starten wir zu einem Abstecher nach links in die Stadtmitte von Uehlfeld. Später geht es jedoch hier vom Wegedreieck nach rechts weiter. In Uehlfeld entdecken wir dann sofort die zahlreichen Storchennester auf den Hausdächern. Sogar auf der Pfarrkirche St. Jakob sind sie zu finden. Im Frühjahr ist überall das laute Geklapper zu hören, mit dem sich die Paare begrüßen. Anfang Juni sieht man dann bereits den flaumigen Nachwuchs in den Nestern. Außer den Störchen ist das Torhaus eine der Attraktionen des Ortes. Die Bundesstraße führt direkt unter ihm hindurch. Daneben locken auch noch zwei typische fränkische Wirtschaften zu einer Rast. Besonders verführerisch ist das hauseigen gebraute Bier – genauso lecker, wie es sich für eine kleine Brauerei-Gaststätte in Franken gehört. Nach der Besichtigung fahren wir zum Wegedreieck zurück und verlassen Uehlfeld in südlicher Richtung auf dem Radweg, der parallel zur Bundesstraße verläuft. Dabei überqueren wir die Aisch und kommen zum Ortsrand von Demantsfürth. Nach links besuchen wir den Aussichtsturm, der einem Storchennest nachempfunden ist. Er erlaubt einen schönen Blick hinüber nach Uehlfeld und über die feuchten Wiesen, auf denen fast immer einige Störche Nahrung suchen.

Ab in den Aischgrund Danach radeln wir in die Straße gegenüber des Aussichtturms hinein. An der nächsten Straße wenden wir uns nach rechts, um gleich bei der nächsten Möglichkeit nach links abzubiegen (Schild »Peppenhöchststädt«). Wir folgen der kleinen Straße, die uns kurz darauf zu den ersten Karpfenweihern bringt. Wir sind nun auf dem Fränkischen Karpfenradweg unterwegs, wobei im weiteren Verlauf die Schilder nicht immer leicht zu finden sind. An der Weggabelung bei den nächsten Weihern halten wir uns links und radeln zu der Vogelbeobachtungswarte, die als Hütte auf Stelzen in

Karpfenzucht bei Gottesgab

den Weiher gebaut ist. In die nächste Straße biegen wir rechts ein, sie bringt uns aufwärts zu einer T-Kreuzung, wo wir nach links abbiegen. So kommen wir nach Peppenhöchstadt. Wir radeln ein Stück durch den Ort und folgen dann rechts dem Radwegschild, das uns an einigen Felsenkellern vorbei auf Felder führt. In einer langen Linkskurve erreichen wir Rohensaas, wo wir von der Hauptstraße erneut nach links abbiegen. Kaum haben wir den Weiler verlassen, werden es immer mehr Karpfenweiher. Links und rechts unserer kleinen Straßen breitet sich ein Fischteich nach dem anderen aus. Die Szenerie vermacht den Eindruck von Reisfeldern oder Salzsalinen – auf jeden Fall wunderschön. Mit einem großen Kringel erreichen wir bald die wenigen Häuser von Gottesgab und damit die dichteste Konzentration an Fischweihern. Unser nächstes Ziel ist Voggendorf, das wir kurz darauf am Voggendorfer Felsenkeller erreichen. Falls dieser geöffnet hat, bietet er sich ideal für eine Einkehr an.

Aischradweg An der Straßenkreuzung in Voggendorf mit der stählernen Radwegskulptur sind wir nun auf dem Aischtalradweg. Diesem folgen wir nach rechts, Höchstadt ist bereits ausgeschildert. So fahren wir mal mehr und mal weniger nah entlang der Aisch durch die Weiler Weidendorf, Sterpersdorf mit seiner schönen Aischmühle und Greiendorf mit der bald folgenden Greienmühle. An der Bundesstraße biegen wir nach rechts ein, ein abgetrennter Radweg sorgt weiterhin für ungetrübten Radlspaß. So erreichen wir den großen Kreisverkehr am Ortsrand von Höchstadt. Nach links ist es nun nicht mehr weit zurück zur Aischbrücke, unserem Ausgangsprunkt.

✔ Nicht versäumen

Gut, wer in den Monaten mit einem »R« auf dem Radweg unterwegs ist. Dann wird überall in den umliegenden Gaststätten der »Aischgründer Spiegelkarpfen« serviert. Sicherlich die angenehmste Art, seine Radtour kulinarisch zu krönen. Wer Glück hat, erlebt im Herbst das traditionelle Abfischen der Fischteiche. Die Karpfen, die ursprünglich aus Asien stammen, wurden vor allem im Mittelalter von Mönchen als Fastenspeise gezüchtet.

Eine Besonderheit sind die Klotzbeuten für die Bienenhaltung bei Vestenbergsgreuth.

Hier geht's lang

Ausgangs- und Endpunkt: Höchstadt an der Aisch, Aischbrücke

Tourencharakter: Vorwiegend flache Tour, die nur bei der Querung ins Aischtal ein paar Höhenmeter beinhaltet. Meist verläuft sie auf Forst- und Radwegen oder über kleine Nebenstraßen. Wenig Schatten!

Bahn: Nicht möglich

Auto: Auf der Autobahn A3, Ausfahrt 80 Höchstadt Ost, weiter nach Höchstadt an der Aisch. Am Kreisverkehr Richtung Ortsmitte, aber noch vor der Altstadt rechts auf dem großen Volksfestparkplatz an der Aischbrücke parken

Übernachtung: Unweit von Höchstadt an der Aisch liegt der kleine Weiler Neuhaus, östlich der Autobahn. Hier lohnt eine Nacht im Brauereigasthaus Löwenbräu, einer netten fränkischen Familienbrauerei (www.hotel-zum-loewenbraeu.de).

Einkehr: Wenige Möglichkeiten unterwegs. Aber zwei Gasthäuser mit eigener Brauerei liegen in Uehlfeld: Zwanger Brauerei oder Brauerei Prechtl, zu Letzterem gehört auch der Voggendorfer Felsenkeller (geöffnet Mo–Sa ab 17.00, Sonntag/Feiertag 11 Uhr bei gutem Wetter).

Information: www.karpfenland-aischgrund.eu

4 Leicht | 40 km | 250 Hm | 4 Std.

Brombachsee und Spalter Hopfenland

Im Fränkischen Seenland

Idyllisch liegen Georgensgmünd und Spalt am Ufer der fränkischen Rezat im Hopfenhügelland unweit der fränkischen Seenplatte. Die Radtour führt durch die uralte Kulturlandschaft, vorbei an Streuobstwiesen und Hopfengärten, durch Wälder mit dichten Blaubeersträuchern zum Großen Brombachsee.

✔ Darum einzigartig

Zwischen Hopfenfeldern und netten fränkischen Städten mit herrlicher Fachwerkkulisse erkundet man den Großen Brombachsee mit seinen Strandabschnitten und Yachthäfen. Zum Abschluss der Tour winkt die gemütliche Fahrt auf dem Bocklradweg, einer ehemaligen Bahntrasse, die Spalt mit Georgensgmünd verbindet.

Über Röttenbach und Mühlstetten Wir starten am Bahnhof in Georgensgmünd und folgen der Bahnhofstraße nach Süden. Der Fußweg ist gleichzeitig ein Radweg, der uns sicher entlang der Straße zum Ortsende an den großen Kreisverkehr mit seinem auffälligen Hl. Georg als Drachentöter führt. Dort folgen wir den Radwegschildern auf die andere Seite, wobei ein Navigationssystem sagen würde: »Nehmen Sie die dritte Ausfahrt!« Für uns geht es somit nach links, unter der Bahn durch und wenige Meter später biegen wir rechts in den Radweg ein, der uns sofort rechts haltend leicht bergauf in den Wald führt. Schon geht es aber auch wieder bergab und wir queren das Flüsschen Schwäbische Rezat nach Niedermauck hinein. Parallel zur Autostraße geht es auf einem Radweg vorbei an der kleinen frei stehenden Kirche, bald über Felder nach Röttenbach. An der Vorfahrtstraße in der Ortsmitte radeln wir minimal nach rechts und biegen gleich darauf erneut rechts in die Parkanlage ein. Die Radwegbeschilderung nach Mühlstetten bzw. zum Brombachsee weisen uns die Richtung. Dafür radeln wir nun romantisch durch das kleine Tal des Röttenbachs. Vorbei an einer Kneipp-Tretanlage und an Fischweihern, wendet sich der Radweg nach links. An einer Reitsportanlage stoßen wir wieder auf eine Straße. Diese queren wir mit einem Rechts-links-Schwenk in die Mühlstraße und nun geht es bergauf, unter der Bahn hindurch nach Mühlstetten hinein.

Mit Seeblick Wir radeln durch Mühlstetten hindurch, am Ortsende beginnt wieder ein Radweg, den wir jedoch kurz darauf am Sportgelände nach links verlassen. Nun geht es herrlich ruhig zunächst durch den Wald und dann über Felder nach Stirn. Der Hauptstraße folgend treffen wir am Landgasthof zur Linde auf eine größere Straße, die wir geradeaus queren, um dann gleich rechts in den Angerweg zu fahren. Zwischen den Bäumen blitzt nun schon der große Brombachsee hervor, während wir locker abwärts-

Der Brombachsee mit seinen vielen Strandzonen, an denen sogar Sand aufgeschüttet ist, erinnert an endlose Sommertage am Meer.

sausen. Unten wendet sich der Radweg nach rechts und wir erreichen den hübschen Ort Allmansdorf. In der Ortsmitte weist uns links das Schild zum Brombachsee. Geradeaus über die Straße sind wir gleich darauf am nordwestlichen Ufer des Großen Brombachsees, eines künstlichen Stausees. Der sandige Badestrand und das Seerestaurant »Sand & Sofa« verführen zu einer Rast, obwohl wir an einigen weiteren Bade- und Einkehrmöglichkeiten vorbeikommen werden.

Seegenuss Für uns geht es nun gleich einmal über die große Dammkrone an das südliche Ufer. Rechts von uns glitzert der See und zeigt uns schon seine beachtliche Größe. Genau genommen ist der See eine Stauanlage bestehend aus drei Seen: dem Großen Brombachsee, seiner Vorsperre (Kleiner Brombachsee) und dem Igelsbachsee. Diese bilden zusammen mit dem Altmühlsee und dem Rothsee das Herzstück der Fränkischen Seenplatte. Die Seen wurden vor allem angelegt, um die Wasserverteilung zwischen dem wasserreichen Süd- und dem wasserarmen Nordbayern auszugleichen, d. h., man leitet Wasser über die Europäische Hauptwasserscheide hinweg aus dem Altmühl- und Donautal in das trockene Regnitz-Main-Gebiet. Die Planungen für dieses wasserwirtschaftliche Großprojekt begannen 1971, zur Jahrtausendwende erfolgte die Einweihung. Bis auf den Streckenabschnitt über den Damm wirkt der See heute so, als ober er immer schon da gewesen wäre. Er ist ein Magnet für Touristen, Ausflügler, Naherholungssuchende und Wassersportler geworden. Im Sommer dreht ein großes Schiff seine Runden, Segler nützen die weite Wasserfläche und Badende freuen sich über die Sandstrände in den Buchten. Von denen können wir gleich entlang des Südufers noch so einige

Weiße Segel setzen Akzente auf das endlose Blau des Brombachsees.

Spalt mit seinen hübschen Hopfenhäusern ist einen Aufenthalt wert.

entdecken. Der Radweg ist vorbildlich vom Wander- und Fußweg getrennt, das Ufer gibt die Richtung vor. Bald erreichen wir Ramsberg mit seinem Yachthafen und dem Floating Village. Danach nehmen wir etwas Abstand zum See, dort liegt nämlich ein Naturschutzgebiet. Auf einer langen Geraden radeln wir durch den Wald und folgen dann der Rechtskurve wieder ans Wasser.

Dammkronen Nun halten wir uns rechts und es geht mitten über das Wasser auf der Dammkrone nach Norden (Schild »Enderndorf«). Dieser Damm trennt den Großen Brombachsee vom Kleinen. Am anderen Ufer halten wir uns rechts und radeln kurz darauf über den nächsten Damm. Auf der anderen Seite sind wir schon in Enderndorf. Im Enderndorfer Strandhaus ist unsere letzte Möglichkeit für einen Einkehrschwung mit Seeblick. Unmittelbar dahinter biegen wir links ein und folgen dem Uferweg. Jetzt geht es im Auf und Ab, mal mehr und mal weniger nah am Ufer entlang. Dann erreichen wir eine kleine Straße, der wir nun nach rechts bergauf folgen. So kommen wir nach Stockheim und radeln zunächst der Rechtskurve folgend, dann links haltend durch den Ort. An seinem Ende queren wir die Autostraße. Nun sind wir nicht mehr auf einem Radweg, aber die kleine Straße ist zum Glück wenig befahren. An der nächsten Kreuzung biegen wir rechts ein und nun geht es steil abwärts stets der Straße folgend bis nach Spalt hinein.

Spalt und seine Bockl-Bahn Der malerische Ort gehört natürlich ausgiebig besichtigt. Der einträgliche Hopfenanbau im Umland, belegt seit 1341, sorgte nicht nur dafür, dass sich eine gute Brauerei im Ort ansiedelte, auch an den hübschen Fachwerkhäusern mit ihren mächtigen Giebeln erkennt man, dass der Spalter Hopfen für Wohlstand sorgte.

Der Gabrieliplatz in Spalt

Rund um die Stiftskirche St. Nikolaus und St. Emmeram stehen nach wie vor dicht gedrängt die hübschen Häuser der Altstadt. Es lohnt sich aber auch, einen Blick diesseits der gut erhaltenen Stadtmauer zu werfen, überall entdeckt man malerische Winkel. Unsere Rückfahrt setzen wir am ehemaligen Spalter Kornhaus fort. Heute sind darin das Hopfen- und Biermuseum HopfenBierGut und die Touristinformation untergebracht. Wir radeln in östlicher Richtung über den großen Parkplatz und biegen dann vor der Schule links auf den Radweg ein. Georgensgmünd ist nun wieder ausgeschildert. Bald geht es über die fränkische Rezat, dahinter folgen wir nach rechts der Straße. Die Radwegschilder lotsen uns bald erneut über die Rezat und schließlich durch Wasserzell, hinauf zum ehemaligen Bahngleis der Spalter Bockl-Bahn. Sie verband von 1872 bis 1995 Spalt mit Georgensgmünd und ist heute ein prächtig ausgebauter und vor allem flacher Radweg, auf dem noch dazu der »Gemünder Planetenweg«, ein Lehrpfad, verläuft. So radeln wir nun ziemlich entspannt durch lichte Wäldchen, vorbei an einigen Sandabbaugebieten und zum Abschluss durch das Gewerbegebiet nach Georgensgmünd. Am großen Tor, das den Anfang des Planetenwegs symbolisiert, endet der Bockl-Bahnweg unweit unseres Startplatzes. Nun sind es nur noch wenige Meter nach links und wir haben unseren Ausgangspunkt wieder erreicht.

✔ Nicht versäumen

Ein Highlight ist das Museum HopfenBierGut im historischen Kornhaus von Spalt. Interaktiv und lebendig dreht sich im historischen Gebäude alles um die leckere goldgelbe Flüssigkeit und natürlich auch um eine ihrer wichtigsten Zutaten, den Hopfen. Unter dem Motto »Erleben, Schmecken und Staunen« macht der Besuch viel Spaß. Wer etwas Zeit mitbringt nimmt an einer Führung teil (www.hopfenbiergut.de).

✔ Hier geht's lang

Ausgangs- und Endpunkt: Bahnhof Georgensgmünd

Tourencharakter: Eine gemütliche Rundtour mit nur wenig Steigung, die vorwiegend auf Rad- und Feldwegen sowie auf wenig befahrenen Nebenstraßen verläuft

Bahn: Bahnhof Georgensgmünd

Auto: Georgensgmünd liegt südlich von Nürnberg und ist über die A 8 Ausfahrt Allersberg oder über die B 2 Ausfahrt Mauk zu erreichen. Parkplätze am Bahnhof.

Übernachtung: Witzig, stylisch, modern und ganz dem Konzept »Bratwurst« verschrieben ist das Hotel Bratwurst in Rittersbach nördlich von Georgensgmünd. Der Landgasthof mit Zimmern gehört zur Metzgerei Böbel und somit dreht sich auch alles um die fränkische Wurst (www.umdiewurst.de).

Einkehr: Rund um den Brombachsee gibt es in perfekten Abständen gelegen mehrere Strandrestaurants, Cafés und Lokale. Sehr nett ist auch das Wirtshaus Zollhaus in Spalt (Mittwoch + Sonntag Ruhetag).

Information: www.spalt.de

5 Mittel | 45 km | 320Hm | 4 Std.

Rund um den Hesselberg

Auf den Spuren der Römer am Limes

Rund um den Hesselberg, der höchsten Erhebung Mittelfrankens, radeln wir entlang der Wörnitz nach Wassertrüdingen, um dann in einem großen Bogen nach Norden den Limes zu erkunden. Auf halber Strecke lässt sich der herrliche Denneloher Schlosspark erkunden.

✓ Darum einzigartig

Der Limes ist ein ehemaliger römischer Grenzwall, der in Deutschland zwischen Rhein und Donau mit einer Länge von 550 Kilometern verläuft. Auch wenn er in weiten Teilen kaum mehr erkennbar ist, so gehört er zu den wichtigsten historischen Denkmalen in Deutschland und ist seit 2005 Teil des Weltkulturerbes der UNESCO.

Ruffenhofen und sein Kastell Wir starten vom LIMESEUM bei Ruffenhofen und je nach Uhrzeit sollten wir zur Museumsbesichtigung noch vor der Radtour starten, denn das Gebäude schließt in der Regel um 16.00 Uhr (Sa/So/Feiertag bis 17.00 Uhr). Es lohnt sich sicherlich, zuvor ein paar Informationen zum Limes zu sammeln, dem wir auf der Radtour ein Stück folgen. Das Freigelände am LIMESEUM ist übrigens kostenlos zugänglich und von Öffnungszeiten unabhängig. Nachdem wir unseren Wissensdurst gestillt haben, schwingen wir uns auf die Räder und sausen die Zufahrtstraße bergab. Vorbei an den Nachbildungen einiger Grabsteine biegen wir in die nächste kleine Teerstraße rechts ein und sind schon auf dem Wörnitzradweg unterwegs.

Wörnitzradweg Der knapp 110 Kilometer lange Wörnitzradweg beginnt an der Quelle in Schillingsfürst und endet in Donauwörth und gehört noch zu den unbekannteren bayerischen Fernradwegen. Wir dürfen ihm zumindest bis Wassertrüdingen folgen. Zunächst geht es gleich einmal geradeaus durch Aufkirchen. Die grünen Radwegschilder und die Beschriftung nach Wassertrüdingen führen uns. Von der Wörnitz, die links von uns durch die Wiesen mäandert, ist leider gar nicht viel zu sehen, im Sommer steht das Gras an ihren Ufern hoch. Dafür erreichen wir kurz darauf an einem Kneipp-Tretbecken die Wunibaldquelle. Sie erinnert an den Missionar englischer Abstammung im frühen Mittelalter, der hier Alamannen getauft haben soll. Ein idyllisches Plätzchen, um kurz innezuhalten. Danach geht es weiter immer flussabwärts. In Reichenbach vollführt unser Radweg eine starke Rechtskurve und kurz darauf erreichen wir über die Felder das Wörnitz-Flussbad. Es hat in den Sommermonaten geöffnet und bietet naturbelassenen Badespaß direkt im Fluss. Die Einstiege ins Wasser erfolgen über Treppen, wer sich schwungvoll abkühlen möchte, kann auch eine Rutsche benützen.

Wir radeln durch das Obere Tor von Wassertrüdingen, um die Tour nach Dennenlohe fortzusetzen.

Stadtmühle an der Wörnitz in Wassertrüdingen

Wassertrüdingen Kurz nach dem Flussbad haben wir dann auch schon Wassertrüdingen erreicht. Nach links lohnt sich ein Abstecher durch die Grünanlagen, die im Rahmen der Gartenschau 2019 entstanden sind. Im Zuge des Hochwasserschutzes wurde die Wörnitz verlegt und nun ist eine kleine erholsame Fläche zwischen dem Fluss und dem Mühlenweiher entstanden. Durch die vielen Ruheliegen ein toller Platz für eine Rast. Wer mehr der herrlich gestalteten Parkanlagen sehen möchte, radelt quer durch die Stadt nach Norden zum Klingenweiher. Auch dort gibt es einige gartenarchitektonische Höhepunkte wie den Goldenen Weihersteg oder die Aussichtsplattform. Daneben ist natürlich auch ein Bummel entlang der Stadtmauer und durch die Marktstraße zu empfehlen. Oder man besucht das Museum FLUVIUS hinter dem Törle, dem nördlichen Stadttor und Wahrzeichen von Wassertrüdingen.

Nach Dennenlohe Hinter dem Törle setzen wir auch die Weiterfahrt fort. Zunächst geht es geradeaus über die Kreuzung in die Poststraße und dann rechts in die Bahnhofstraße, nun stets der Beschilderung nach Altentrüdingen folgend. Nach dem Bahnhof queren wir dafür die Gleise nach rechts und biegen sofort links in den Radweg ein, der uns entlang der Schienen führt. Bald biegen wir links unter der Bahn hindurch und erreichen vorbei an dichten Wildschutzhecken Altentrüdingen. An der großen Dorfkreuzung biegen wir

Die Wörnitz mit dem Hesselberg bei Wittelhofen

links ein (die einzige Stelle mit keiner Beschilderung!) und verlassen gleich darauf den Ort. Wir queren die größere Autostraße und schon sind wir nach rechts wieder auf einem herrlichen Radweg, der uns im Zickzack über die Felder nach Unterschwaningen führt. Auch dieser kleine Ort verdient eine Rundfahrt. Die kunstvolle Pracht der Rokokoanlage mit dem Schloss und dem Lustgarten von Prinzessin Friederike Luise von Preußen lässt sich nur noch erahnen. Aber genau das verleiht dem Ort seinen Charme. Am Ende der Friederike-Luise-Allee setzen wir mit einem Rechts-links-Schwenk die Radtour fort. Wir unterqueren die neue Umgehungsstraße und folgen nun der Beschilderung nach Dennenlohe.

Der grüne Baron Der Ort, der von seinem Schloss und dem dazugehörigen Landschaftspark dominiert wird, ist schnell erreicht. Die Parkanlage des »grünen Barons« aus der Familie von Süsskind ist Ziel zahlreicher Gartenliebhaber. Ein Höhepunkt ist die Rhododendronblüte im Juni, mit Tausenden von Rhododendren und Azaleen. Aber ein Besuch lohnt sich auch in den anderen Monaten (geöffnet Mitte März bis Mitte Oktober, Eintritt gegen Gebühr am Drehkreuz). Es ist das Gesamtkunstwerk an Brücken, Teichen und Weihern, Hügeln, unzähligen Blühpflanzen, die farbenprächtig den nach englischem Vorbild gestalteten Park in Szene setzen. Zur Erfrischung gibt es ein Café in der Orangerie, am Wochenende hat auch der Marstall geöffnet, der außerhalb des Parkes liegt und somit frei zugänglich ist.

Badeseevariation Nach dem Besuch setzen wir unsere Fahrt in Höhe der Parkplätze am Schloss nach links fort. Wir queren die Autostraße und radeln in den Wald hinein. Nun leiten uns die Radwegzeichen auf dem Deutschen Limes-Radweg nach Ehingen. Wer einmal ins Wasser hüpfen möchte, nimmt ca. einen Kilometer hinter Dennenlohe den Abstecher nach links zum Klarweiher. Der gar nicht so kleine Weiher bietet an seinem Westufer einige Zugangsstellen für erfrischende Badefreuden. Ansonsten folgen wir der Radwegbeschilderung »Ehingen« und erreichen die Moorweiher an der Hammerschmiede. Hier stand einst das bedeutende römische Kastell Dambach, von dem jedoch heute trotz seiner beachtlichen Größe von über zwei Hektar nicht mehr viel zu sehen ist. Wir biegen links auf die kleine geteerte Straße ein, die uns nochmals links und dann rechts über den Ort Dambach nach Ehingen führt.

Entlang des Limes In Ehingen geht es abwärts zur großen Dorfstraße, der wir nach rechts folgen. Fast am Ortsende halten wir uns links und biegen kurz darauf erneut links auf den Feldweg ein. Der Römerpark Ruffenhofen ist nun wieder ausgeschildert.

Man muss schon ein bisschen im Wald die Augen aufhalten, um auf Reste des Limes zu stoßen.

Kurz darauf teilt sich der Weg – auf beiden Strecken würden wir nach Ruffenhofen kommen. Gerne halten wir jedoch dem Limes-Radweg die Treue, bleiben geradeaus und rollen hinab nach Grüb. Danach geht es zweimal links stetig bergab über Dühren nach Untermichelbach. Dabei queren wir wieder die Wörnitz. Nun ist es ein Leichtes und wir folgen wieder dem Wörnitzradweg, der uns über Wittelhofen zurück zum Ausgangspunkt führt.

✔ Nicht versäumen:

Gleich drei Höhepunkte gibt es auf der Radtour: Unbedingt Zeit sollte man sich für das ehemalige Römerkastell und die Ausgrabungen in Ruffenhofen gönnen. Überdies lockt Wassertrüdingen zu einem Bummel. Zu guter Letzt erreichen wir das Schloss Dennenlohe mit seinen herrlichen Parkanlagen.

✔ Hier geht's lang

Ausgangs- und Endpunkt: LIMESEUM Ruffenhofen bzw. Römerpark

Tourencharakter: Meist auf Radwegen, streckenweise aber auch auf Feld- und Forstwegen verlaufende Runde. Viel Sonne auf der Strecke. Badesachen nicht vergessen

Bahn: Nicht möglich! Nächster Bahnhof wäre Gunzenhausen.

Auto: Das LIMESEUM in Ruffenhofen ist von der B25 Ausfahrt Willburgstetten aus erreichbar. Es befindet sich zwischen den Gemeinden Gerolfingen, Wittelshofen und dem Markt Weiltingen.

Übernachtung: Im nahen Dürrwangen nächtigt man im Gasthof Zum Hirschen zu einem sehr guten Preis-Leistungs-Verhältnis. Sehr freundliche Hotelwirte und überdies eine gute Lage für zusätzliche Exkursionen z. B. nach Feuchtwangen oder Dinkelsbühl (www.hirschen-duerrwangen.de).

Einkehr: Nur wenige Möglichkeiten unterwegs, die direkt an der Strecke liegen, z. B. das Marktcafé in Wassertrüdingen. Das Café am Schloss Dennenlohe hat nur Freitag bis Sonntag geöffnet. Gegen Ende der Tour treffen wir noch auf den Landgasthof Wörnitz Stuben in Wittelshofen.

Information: www.limeseum.de, www.frankentourismus.de

6 ● Leicht | 25 km | 200 Hm | 2.15 Std.

Entlang der Pegnitz

Alles im und am Fluss

Mal sanft und träge, dann wieder grummelnd und rauschend begleitet uns die Pegnitz auf ihrem Weg durch die Hersbrucker Alb. Wer die Augen offen hält, entdeckt eine wunderschöne Flora und Fauna links und rechts des Flusses, aber auch viele Sehenswürdigkeiten, die einen Besuch wert sind.

✓ Darum einzigartig

Der Pegnitztalradweg windet sich auf gut 25 Kilometern Länge durch das Tal zwischen Hohenstadt und Neuhaus. Unser ständiger Begleiter ist die Pegnitz. Die Lebensader im Tal, die alles im Laufen hält. Mit jeder Pedaldrehung folgen wir ihrem Strömen, Rauschen und Fließen und fühlen uns in ihren Bann gezogen. Viele Sehenswürdigkeiten liegen direkt am Weg, wie die über Neuhaus wachende Burg Veldenstein, das malerische Velden oder die aufragenden Felsen von Lungsdorf.

Eschenbach Wir starten am Bahnhof bei Hohenstadt und radeln nach links Richtung Norden. Vorbei am Campingplatz sind wir gleich mitten im Grünen. Der breite Weg führt über Felder immer mal mehr und mal weniger dicht an der Pegnitz entlang. Ihr Ufer ist von dicken Weiden, Erlen und Eschen gesäumt. Vor uns liegen schon die Häuser von Eschenbach, auf die wir zusteuern. Wir erreichen den Ort an seinem Sport- und Spielplatz. In die Fahrstraße biegen wir rechts ein, queren die Pegnitz und folgen dann gleich links der leicht ansteigenden Straße (Radwegschild »Neuhaus«). Am Ortsrand von Eschenbach wird unser Weg wieder zu einem Feldweg, der uns nun im leichten Auf und Ab entlang der Bahngleise führt

Über Alfalter nach Vorra Die Pegnitz erahnen wir bei diesem Streckenabschnitt nur, denn wir pedalieren ein gutes Stück oberhalb der Talsohle. Kurz vor Alfalter queren wir dann die Gleise und nähern uns wieder dem Fluss. Dabei bleiben wir jedoch am rechten Ufer und biegen noch vor der Pegnitzbrücke auf den Wanderweg nach rechts ein. Jetzt sind wir wieder direkt am Wasser. An der kleinen Staustufe lockt eine erste Rastbank. Zu früh, aber auf jeden Fall ein schönes Plätzchen zum Verschnaufen. Danach geht es einfach weiter flussaufwärts. Wir passieren den Weiler Düsselbach und kurz darauf unterqueren wir noch einmal gemeinsam mit der Pegnitz die Bahn. Schließlich erreichen wir in der Straße Am Schloßpark Vorra. Die Straße endet unweit der etwas trutzigen Marienkirche in der größeren Hirschbacher Straße. Auf ihr geht es nach links. So kommen wir an das Schloss von Vorra, dessen Grundmauern auf das Jahr 1601 zurückgehen. Damals kaufte Carl von Tetzel im Ort ein Bauernhaus und einige Grundstücke und ließ es zu einem

Heute ist das Amtsgericht im Schloss Hersbruck untergebracht.

Schloss umbauen. 1780 wurde es durch ein Feuer zerstört. Das heutige Schloss entstand 1890 durch den neuen Besitzer, Freiherr von Soden. Ein schwieriges Unterfangen, den der weiche Boden in der Nähe der Pegnitz war nicht dafür geeignet. Dennoch konnte der Bau 1891 vollendet und der Schlosspark angelegt werden. In den Kriegsjahren wechselten dann die Besitzer. Heute gehört es zum Schullandheimwerk Mittelfranken, einem Verein, der Bildungsangebote für Schulklassen anbietet.

Nach dem Schloss radeln wir über die Pegnitz und folgen dann rechts der Bahnhofstraße. Sofern uns nicht vorher der Biergarten Inselblick etwas ausbremst, wobei auch das nette Café im Dorfladen Vogelbeere eine schöne Pausenalternative ist.

Ehemaliges Pflegeschloss an der Pegnitz in Velden

Über Artelshofen nach Rupprechtsstegen Wir verlassen Vorra vorbei am Bahnof und den Tennisplätzen und radeln zwischen den Bahngleisen und der Pegnitz nach Artelshofen. Der kleine Weiler beeindruckt durch die prächtige Mühle im Fluss und sein wunderschönes Schloss, das einer privaten Stiftung gehört. Wer jetzt schon Hunger verspürt, quert an der Brücke die Pegnitz und kann gut im Gasthaus Pechwirt einkehren. Ansonsten bleiben wir auf der ursprünglichen Uferseite und setzen direkt an der Brücke den Weg auf einem kleinen Pfad fort, der unmittelbar am Fluss entlangläuft. Er wendet sich nach links und stößt aufsteigend auf einen breiteren Feldweg, dem wir nach rechts folgen. Der Fluss und damit auch unser Weg wenden sich nach links und über unseren Köpfen kreuzt die Eisenbahn, die wir übrigens für die Rückfahrt benützen werden. Kurz danach queren wir auf einer Brücke die Pegnitz, setzen aber sofort unseren Weg nach links fort. Nach den Schrebergärten erleben wir das gleiche Spiel erneut: Wir queren den Fluss, dem wir weiter treu folgen, und kurz darauf geht es erneut unter der Bahn hindurch. Vor uns liegen die zwei mächtigen Enzendorfer Felsen am ehemaligen Hochufer. Unser Weg biegt in der Höhe der Felsen nach links, für ein kurzes Stück weg vom Fluss. Aber dann nähern wir uns schon wieder der Pegnitz und erreichen den Ortsrand von Enzendorf. Mit einem Schwenk nach links umgehen wir ein paar Privatgrundstücke und folgen der Radwegbeschilderung durch den Ort, den wir etwas oberhalb der Pegnitz verlassen. Kurz darauf erreichen wir die wunderschöne Harnbachmühle, einen mehr als idyllischen Platz, an dem wir uns gut für eine Pause niederlassen können. Weiter geht es immer noch mit dem Fluss zu unserer Rechten und wir erreichen kurz hinter dem großen Altenheim Rupprechtstegen.

Flusswindungen bis Velden In Rupprechtstegen stoßen wir auf die größere Autostraße, die durch das Pegnitztal führt. Minimal geht es auf ihr nach rechts, dabei queren wir den Fluss und biegen dann sofort wieder links ein. Geradeaus liegt der Bahnhof, übrigens mit einer sehr netten Einkehrmöglichkeit im abgestellten Gasthaus Rastwaggon. Wir passieren den Spielplatz und schon hat uns der Flusslauf wieder. Eine wunderschöne Wegstrecke liegt vor uns. Die Pegnitz windet sich nun durch das Tal, während wir auf beiden Seiten des Flusses in den Berghängen jede Menge wilde und bizarre Steinformationen entdecken. Wir passieren den Weiler Lungsdorf, einen beliebten Startplatz für Kanu- und Kajakfahrer. Kurz darauf queren wir die Pegnitz und folgen nun ein Stück der Autostraße durch das Tal. Vorbei am Werksgelände von Guntersthal erreichen wir Velden, eines der schönsten Dörfer an der Pegnitz. Bevor wir weiterradeln, ist sicherlich etwas Zeit, durch den Ort zu schlendern und die vielen hübschen Fachwerkhäuser und Mühlen zu bewundern.

Neuhaus an der Pegnitz Wir verlassen Velden auf der Bahnhofstraße. Wieder folgen wir für ein Stück der Autostraße, nach dem großen Dolomitwerk können wir dann aber nach rechts erneut über die Pegnitz auf einen Radweg abbiegen. Nun geht es im leichten Auf und Ab durch den Wald und dann radeln wir über Engenthal und Rothenbruck, das

Die Tour endet unter der Burg Veldenstein in Neuhaus an der Pegnitz.

jedoch an der anderen Seite der Pegnitz liegt. Hier schwenken wir nach rechts in die Fahrstraße ein und folgen ihr in einem flachen Linksbogen nach Finstermühle. Wir überqueren die Pegnitz, kreuzen die Bahn und erreichen Neuhaus fast direkt am Bahnhof. Dort können wir die Räder abstellen und uns einen Zug für die Rückfahrt aussuchen. Bis dahin ist sicherlich noch Zeit für einen Rundgang, wobei es Sinn macht, zu Fuß aufzubrechen, denn Neuhaus ist sehr hügelig erbaut. Der Ort wird von der großen Burg Veldenstein dominiert, die zurzeit aber nach einem Felssturz saniert wird.

Alternative Rückfahrt Wer noch Elan hat und die Radtour nicht mit der Zugfahrt beenden möchte, kann natürlich auch mit dem Rad zurückkehren. Mit weiteren knapp 20 Kilometern ist das auch zu schaffen. Dafür kehrt man von Neuhaus bis in den Vorort Finstermühle auf gleichem Weg zurück. Dort verlassen wir den ursprünglichen Radweg nach links und radeln bergauf über Bärnhof in den Wald hinein. Die kleine Straße steigt weiter an, aber nach dem Wanderparkplatz Rinnebrunn haben wir das meiste geschafft und wir rollen abwärts nach Oberachtel. Hier biegen wir rechts auf die größere Straße ein, die uns ins Hirschbachtal führt. An mehreren Mühlen vorbei erreichen wir den Hauptort des Tals, Hischbach, den wir weiter auf der Talstraße durchqueren. Schließlich kommen wir nach Fischbrunn, dort können wir rechts abfahren, um kurz danach die Straße mit einem Links-rechts-Schwenk erneut zu queren. Dann sind wir wieder auf einem einsameren Radweg unterwegs, auf dem wir Escherndorf erreichen. An der Pegnitz stoßen wir dann wieder auf den Pegnitzradweg, der uns nun nach links zum Bahnhof Hohenstadt zurückführt.

✔ Nicht versäumen:

Die nahe Stadt Hersbruck war ein wichtiger Stützpunkt an der bedeutenden Handelsstraße von Nürnberg nach Prag. Im zweiten Weltkrieg blieb der Ort weitgehend verschont, sodass wir heute eine gelungene Mischung zwischen mittelalterlichem Flair und moderner Stadt erleben. Drei Stadttore markieren die Altstadt, die von dem alten Pflegeschloss dominiert wird. Über die zahlreichen Fachwerkhäuser wacht die evangelische Stadtkirche, die uns mit einem unglaublich prunkvollen spätgotischen Flügelaltar zu einem Besuch lockt. Nicht vergessen darf man das Deutsche Hirtenmuseum (Freitag, Samstag und Sonntag 10.00 - 16.00 Uhr).

Stellenweise ist man fast völlig alleine am Fluss unterwegs.

✔ Hier geht's lang

Ausgangspunkt: Hohenstadt (Mittelfranken), Bahnhof

Endpunkt: Neuhaus an der Pegnitz, Bahnhof

Tourencharakter: Streckenradtour zum Großteil auf Radwegen ohne jeglichen Autoverkehr. Nur wenig kleinere Steigungen. Die Rückfahrt erfolgt sehr einfach mit dem Zug (verkehrt stündlich) oder alternativ wie im Text beschrieben.

Bahn: Hohenstadt (Mittelfranken), Bahnhof

Auto: Von der A 9 Ausfahrt Lauf/Hersbruck, auf der B 14 über Hersbruck nach Hohenstadt. Der Bahnhof liegt nördlich des Ortes, es gibt einige Parkplätze.

Übernachtung: Nördlich von Hersbruck liegt im kleinen Weiler Kleedorf, der zu Kirchensittenbach gehört, das Hotel Zum Alten Schloss (www.zum-alten-schloss.de). Die sehr freundlichen Besitzer geben immer gerne Tipps für Rad- oder Wandertouren, außerdem ist der Karpfen im Pfeffermantel so lecker, dass wir gerne dort öfter übernachten.

Einkehr: Unterwegs locken mehrere Möglichkeiten: In Vorra gibt es den Biergarten Inselblick, direkt an der Pegnitzinsel (Dienstag Ruhetag), und ein sehr nettes Café im Dorfladen Vogelbeere; beide liegen in der Bahnhofstraße. In Artelshofen liegt der Gasthof Pechwirt (Montag + Mittwoch Ruhetag), und in Rupprechtsstegen gibt es den Rastwaggon, (Montag + Dienstag Ruhetag), ein griechisches Lokal. In Velden, fast am Ende der Tour, genießt man beste fränkische Küche im Gasthaus zur Traube.

Information: www.hersbruck.de

Bamberg mit seinem berühmten Rathaus liegt selbstverständlich auch auf der Strecke.

Maintalradweg

Vom Bierland zum Weinland

Der Main fließt im Norden Bayerns von Ost nach West und mündet bei Mainz in den Rhein. Seine beiden Quellflüsse, der Weiße Main und der Rote Main, vereinen sich westlich von Kulmbach zum eigentlichen Main. Auf seinem 525 Kilometer langen Lauf liegen wunderbare romantische Städte wie Kulmbach, Bad Staffelstein oder die alte Residenzstadt Würzburg. Vorbei am Spessart und dem Odenwald verlässt der Main bei Aschaffenburg Bayern und strebt dem Rhein zu.

✓ Darum einzigartig

Der Main führt uns von Ost nach West durch Franken. Wir erleben das vom Wald geprägte Oberfranken und tauchen dann in die Weinregion Unterfranken ein, deren Weingärten der Landschaft eine ganz eigene und charakteristische Struktur aufprägen. Bis Bamberg ist der Main von Freizeitkapitänen bevölkert, dann aber dominieren die Frachtschifffahrt und in zunehmendem Maß Kreuzfahrtschiffe für ein- oder mehrtägige Reisen.

Nachdem der Main gleich zwei Quellflüsse hat, muss man sich für einen Startplatz entscheiden. Wir beginnen am Weißen Main im Städtchen Bischofsgrün. Aus der Ortsmitte radeln wir über die Bahnhofstraße ortsauswärts und erreichen den Weißen Main, der hier schon einige Kilometer lang ist. Seine Quelle liegt etwas südlicher am Osthang des Ochsenkopfes.

Sobald wir am Main angekommen sind, kann man den MainRadweg, der uns bis Aschaffenburg führen wird, nicht mehr verfehlen. So passieren wir bald die alte Grenzstadt Bad Berneck und erreichen Himmelkron. Sehr sehenswert ist die alte Abtei der Zisterzienserinnen, die heute ein Zuhause für Behinderte ist. Die Außenanlagen, der Kreuzgang und die alte Klosterkirche sind jedoch frei zugänglich.

Unsere nächste Station ist die Kreisstadt Kulmbach, die von der Plassenburg bewacht wird. Diese gewaltige Renaissancefestung beherbergt neben einigen Lokalmuseen das Deutsche Zinnfigurenmuseum. Mit über 300 000 Figuren gilt es als das größte Zinnfigurenmuseum der Welt. Automatisch verbindet man Kulmbach mit Bier. Das »Kulmbacher« aus der Kulmbacher Brauerei ist weit über Franken hinaus ein Begriff für gutes Bier. Doch im Bierland Franken kommen wir öfter in den Genuss von Gerstensaft, der noch in vielen weiteren kleinen lokalen Brauereien hergestellt wird.

Sind wir bisher ausschließlich am Weißen Main entlanggefahren, wollen wir uns jetzt mit einem kleinen Abstecher zumindest den Zusammenfluss von Weißem und Rotem

Altstadt mit Vororten im fränkischen Kulmbach

Main ansehen. Dazu fahren wir von Kulmbach mehr oder weniger nahe an der Bahn zum Gewerbegebiet Mainaue. Hier treffen wir auf den südlichen Zweig des MainRadweges, der den Roten Main begleitet hat. In ihn biegen wir kurz ein, passieren den großen Mainauensee und treffen am Schloss Steinenhausen an die Stelle, an der sich die beiden Quellflüsse vereinen. Die Ufer sind ziemlich zugewachsen, aber von der kleinen Brücke sieht man die Stelle sehr deutlich.

Zurück an unserer Wegabzweigung bringt uns nun der Main nach Burgkunstadt. Der reizvolle Stadtplatz mit Fachwerkhäusern, der Pfarrkirche und der Aussichtsterrasse über dem Maintal ist einen Besuch wert, auch wenn wir uns für die Auffahrt etwas anstrengen müssen. Als Nächstes folgt die Korbstadt Lichtenfels mit ihrem breiten Rathaus und, ihm gegenüber, die Ausstellung »Weidenwerk«. Sie erinnert an die Korbmacherei, ein ehemals blühendes Handwerk, das jedoch in den Jahren nach dem Krieg praktisch ausgestorben ist.

Weiter kommen wir nach Bad Staffelstein mit seinem prächtigen Rathaus und einem Denkmal für den frühen Mathematiker Adam Riese, der in Staffelstein 1492 das Licht der Welt erblickt hat. Gottesgarten wird das Land um Bad Staffelstein zu Recht genannt, denn vom nördlichen Mainufer schaut die alte Benediktinerabtei Banz zu uns herunter. Die Raumgestaltung der Klosterkirche stammt von Johann Dientzenhofer, heute dient das Kloster der CSU als Tagungsstätte. Gegenüber, auf der anderen Seite des Mains, steht die Wallfahrtskirche Vierzehnheiligen. Im Inneren steht, völlig frei, der Gnadenaltar mit den

Kitzingen im Morgenlicht

Vierzehn Nothelfern aus der Zeit des späten Rokokos. Doch damit sind wir noch nicht am Ende mit den Kostbarkeiten, die Bad Staffelstein zu bieten hat. Etwa zwei Kilometer westlich der Stadt liegt der Staffelberg, auf den uns nicht nur die Staffelbergklause mit ihrem Biergarten lockt, sondern auch eine überragende Aussicht über das gesamte Maintal.

Weiter geht es zur alten Bischofsstadt Bamberg, die im Mittelalter unter dem Kaiserpaar Heinrich und Kunigunde einen ersten Höhepunkt erlebte. Die Stadt ist einer der großen Höhepunkte unserer Tour, die auch einen Umweg wert ist. Den sollten wir unbedingt fahren, denn unser MainRadweg führt eigentlich am interessanten Stadtzentrum vorbei.

Der erste Höhepunkt in der Altstadt von Bamberg ist das berühmte Rathaus auf der Regnitzinsel, dann geht es etwas bergauf zum Kaiserdom, der mit seinen vier Türmen sehr deutlich macht, welche Macht der Kaiser hatte. Im Dom gibt es – wie sollte es auch anders sein – unglaublich viele Kunstwerke, die man kaum überblicken kann. Wir greifen zwei heraus, die man einfach gesehen haben muss. Da ist zunächst das Hochgrab des Kaiserpaars, eines der wichtigen Werke von Tilman Riemenschneider und seiner Werkstatt, entstanden zwischen 1499 und 1513. Das nächste weltbekannte Objekt ist der Bamberger Reiter an einem Pfeiler der Kirche. Bis heute streiten sich die Gelehrten, wer hier dargestellt ist. Aber in einem ist man sich einig: Die um 1230 entstandene Plastik ist von einer einmaligen Schönheit. Ganz bequem können wir noch den Rosengarten in der

Neuen Residenz am Domplatz mitnehmen. 4500 Rosen blühen im Frühsommer und verdoppeln damit den Genuss des Panoramablicks auf die Altstadt von Bamberg. Der Radweg an der Regnitz führt uns aus der Altstadt und kurz nach dem Hafen treffen wir in Bischberg wieder auf unseren MainRadweg.

Über Eltmann kommen wir nach Limbach mit seiner Wallfahrtskirche Mariä Himmelfahrt. Dann folgt die Kreisstadt Haßfurt, ein Name, der gar nichts mit Wut und Hass zu tun hat. Er kommt vom germanischen Hasufurt und das heißt ganz einfach Nebelfurt. Als Nächstes kommen wir in die Industriestadt Schweinfurt, die vor allem durch ihre modernen Museen beeindruckt. Wir fahren unterhalb der Altstadt am Main entlang, dann beginnt das Maindreieck. Am Kernkraftwerk Grafenrheinfeld vorbei erreichen wir schließlich Volkach mit seinem vom Rathaus dominierten Stadtplatz und mit der Wallfahrtskirche Maria im Weingarten. Hier begegnen wir erneut Tilman Riemenschneider mit der berühmten Rosenkranzmadonna, geschnitzt mit wunderbarer Feinheit und Ausdruck. An dieser Stelle haben wir endgültig das Bierland Franken verlassen und sind im Weinland Franken angekommen.

Jetzt folgt ein berühmtes Weindorf nach dem anderen. Über Nordheim, Sommerach und Schwarzach erreichen wir Dettelbach, das nicht nur für seinen Wein bekannt ist, sondern auch für seine Wallfahrtskirche. Als diese zu klein wurde, hat man einfach eine zweite, größere darübergebaut. Die nächste größere Stadt ist Kitzingen, wo wir über die alte Mainbrücke auf das östliche Mainufer fahren können. Das Panorama der Altstadt über dem Main ist ein beliebtes Fotomotiv. Es folgt Marktsteft mit einem historischen Hafen und der Kirchenburg. Marktbreit beeindruckt mit seinem Kranen am Mainufer und mit seiner Altstadt, Ochsenfurt mit vielen Fachwerkhäusern und dem Neuen Rathaus, das aber schon gut 500 Jahre alt ist. Hier überqueren wir den Main auf seine rechte Seite und kommen nach Sommerhausen. Luigi Malipiero und Veit Relin haben es durch das Torturmtheater weit über die Grenzen Frankens hinaus berühmt gemacht.

Randersacker führt uns direkt nach Würzburg zur alten, mit Figuren geschmückten Mainbrücke. Von ihr aus kommen wir in der Fußgängerzone am Rathaus vorbei zum Dom, der dem Frankenmissionar Kilian geweiht ist. Auch hier finden sich zahlreiche Figuren von Tilman Riemenschneider. Ein paar Meter weiter öffnet sich der Residenzplatz. Die ehemals fürstbischöfliche Residenz sollte man, wenn möglich, mit Führung besuchen. Die barocke Kunst ist voller Symbolik und spricht oft in Allegorien zum Betrachter. Der Hofgarten dagegen braucht keine Erklärung, er ist einfach wunderschön. Würzburg ist die große Stadt des Frankenweines. Entsprechend viele Weinlokale aller Art finden sich rund um den Marktplatz, in denen man bestens essen und manchen Schoppen trinken kann. Wer jetzt noch genügend Kondition hat oder ausreichend Strom im Akku, kann über die Alte Mainbrücke zur Festung Marienberg hinauffahren. Man kann sie besichtigen und überdies den herrlichen Blick über Würzburg und das Maintal genießen.

Frickenhausen liegt direkt am Fluss.

Zurück an der Brücke bleiben wir auf der linken Mainseite und fädeln uns in den MainRadweg ein. Wir erreichen Veitshöchheim, können über den Ludwig-Volk-Steg auf die rechte Mainseite wechseln und uns das Sommerschloss der Würzburger Bischöfe in seinem einmaligen Rokokogarten ansehen. Weiter geht es über Erlabrunn und Zellingen nach Himmelstadt, das durch sein Weihnachtspostamt in der ganzen Welt bekannt wurde. Der nächste interessante Ort ist Karlstadt, zu dem wir wieder auf die rechte Mainseite wechseln. Karlstadt ist noch fast vollständig mit einer Stadtmauer umgeben, die zahlreichen Fachwerkhäuser und das gotisch anmutende Rathaus geben der lebendigen Stadt ein mittelalterliches Flair. Auf der rechten Mainseite kommen wir nach Gemünden, das seinen Namen von der Mündung der fränkischen Saale in den Main hat. In Lohr geht man mit viel Liebe und Überzeugungskraft der Hypothese nach, hier sei das Schneewittchen aus dem Märchen geboren.

Damit haben wir auch das Mainviereck erreicht. Wir treffen auf Marktheidenfeld und ein Stück weiter auf Wertheim und Kreuzwertheim. Dabei ist es uns gar nicht aufgefallen, dass wir ein gutes Stück in Baden-Württemberg unterwegs waren. Erst mit dem Wechsel über den Main nach Kreuzwertheim haben wir wieder Bayern erreicht. Der nächste bedeutende Ort ist Miltenberg unter seiner Mildenburg, die inzwischen einem kleinen Schloss gleicht. Wir bleiben noch etwas auf der linken Mainseite und wechseln dann über die Brücke nach Großheubach und erreichen Klingenberg. Hier können wir die romantische Altstadt besuchen und zur Ruine Clingenburg hinaufklettern, von der aus wir auf die Stadt und das Maintal schauen können.

Vorbei an Kleinwallstadt kommen wir schließlich nach Aschaffenburg, dem Ziel unserer Maintour. Wir werden den Main über die Willigisbrücke queren. Doch vorher empfiehlt es sich, unter der Brückenstraße auf den Parkplatz zu radeln. Von dort hat man den schönsten Blick auf die Altstadt mit dem Pompejanum und dem Schloss Johannisburg. Damit endet unsere Tour entlang des Mains, der Bahnhof für die Rückfahrt ist unmittelbar nördlich der Altstadt.

Karlstadt am Main mit malerischen Fachwerkhäusern

Mittel 442 km 7 Tage

Hier geht's lang

Ausgangspunkt: Bischofsgrün

Endpunkt: Aschaffenburg

Tourencharakter: Eine 442 Kilometer lange Strecke, die uns gut 500 Meter abwärtsradeln lässt. Dass dabei auch Anstiege zwischengeschaltet sind, sei nicht verschwiegen, aber sie sind auch ohne E-Bike zu bewältigen. Wer den Radweg bis Mainz weiterradeln möchte, muss noch einmal 90 Kilometer zusätzlich rechnen.

Information: www.mainradweg.com

Fahrradfahrer an der Naab (Tour 10)

Der Osten

7 Mittel | 44 km | 440 Hm | 5 Std.

Von Vilseck nach Freihung

Zur Vilsquelle

Mitten im Landkreis Amberg-Sulzbach liegt das beschauliche Städtchen Vilseck, Ausgangspunkt zu einer Erkundungsfahrt durch das hügelige Umland. Dabei umrunden wir einige Feuchtgebiete am Oberlauf der Vils, wie die Vilsecker Mulde, eine ausgedehnte Teichlandschaft, die unter Naturschutz steht.

✓ Darum einzigartig

Die Rundfahrt führt in einem Bogen um die Vilsecker Mulde, ein Feuchgebiet, in dem bereits im Mittelalter viele Fischweiher angelegt wurden. Dazwischen erfreuen wir uns über weite Landschaften und erleben modernen Bergbau als Sandabbau, aber auch historischer Art. Als kleinen Höhepunkt erreichen wir den Ursprung der Vils, der wir zurück bis Vilseck folgen.

Durch den Bürgerwald und die Vilsecker Mulde Wir beginnen unsere Tour am Bahnhof von Vilseck und fahren, den Bahnhof im Rücken, die Straße rechts hinunter zur Vilsbrücke. Dort, am anderen Ufer, treffen wir die Radler, die mit dem Auto gekommen sind und hinter der Feuerwache einen Parkplatz gefunden haben. Wir biegen links bzw. rechts in die Vilsaue, einen großen Park zwischen der Vils und den Mauern der Stadt, in dem sich Kinderspielplätze, Raststationen mit Bänken und moderne Plastiken abwechseln. Der Weg endet an einem Kreisverkehr, der Fuß- und Radweg führt im Uhrzeigersinn halb um den Kreis herum. Wir nehmen die zweite Abfahrt und kommen auf der kleinen Straße leicht aufwärts nach Frauenbrunn mit seiner Marienkapelle. Jetzt geht es rechts nach Gressenwöhr, wo wir zuerst links fahren und dann der Hauptstraße in der Rechtskurve folgen. Nach einem knappen Kilometer erreichen wir beim Schöflhof eine Kreuzung. Wir biegen links ab, überqueren bald die Vils, die hier eher aussieht wie ein Bach, und zweigen dann nach einem kleinen Waldstück rechts in einen ungeteerten Forstweg ab. Das ist der Bürgerwald und gleichzeitig ein Teil der Vilsecker Mulde. Durchflossen von der Frankenohe, einem Seitenbach der Vils, entdecken wir wahre Naturschönheiten in diesem ruhigen Abschnitt. Abwechslungsreich radeln wir sehr entspannt und eben zwischen Wiesen und Wald, in dem sich der eine oder andere Fischweiher verbirgt. Es lohnt sich, auch einmal das Rad stehen zu lassen, um diese zu erkunden.

Über Freihung Schließlich treffen wir bei einem großen Gewerbebetrieb auf ein Bahngleis, das Vilseck mit Nürnberg oder Hof und darüber hinaus mit Berlin verbindet. Wir radeln immer an der Bahn entlang durch Industrieanlagen, in denen aus Sand, der hier reichlich gefunden wird, Feinputze hergestellt werden. Auch hier verstecken sich jede

Endlose Weite im Kainzbachtal auf den Feldern bei Unterschalkenbach

Menge Fischweiher links und rechts des Radweges; wer möchte, kann dazu auch einmal abbiegen. Nach der Unterführung der Bundesstraße 299 fahren wir durch die Dr.-Hand-Raß-Straße ins Zentrum von Freihung. Das Gasthaus zur Krone an der Kreuzung hat leider nur sonntags und feiertags über Mittag geöffnet, es würde sich gut für eine Pause anbieten. Kunsthistorisch werden wir jedoch belohnt, wenn wir ein Stück weiter einen Blick in die Pfarrkirche Hl. Dreifaltigkeit werfen, die mit einer reichen Barockausstattung prunkt.

Schweißtreibend, aber aussichtsreich Wir fahren auf der Kirchstraße weiter und dann durch die Glückaufstraße zum Wagnergaßl. Hier geht es nach links und dann über das Feld zu einer Querstraße, in die wir nach rechts abbiegen. Jetzt wird es etwas anspruchsvoller, denn nun steigt unser Radweg stetig an. Wir passieren linker Hand große eingezäunte Flächen mit jungem Wald. Hier befanden sich die Stollenanlagen für die Bergwerke, in denen schon im 12. Jahrhundert Blei abgebaut wurde. Seit 1945 sind diese Bergwerke geschlossen, doch in dem alten Grubengelände herrscht überall Einsturzgefahr. Warnschilder an den Zäunen machen darauf aufmerksam. Dann leuchtet, ebenfalls links, tiefblaues und türkisfarbenes Wasser aus einer Sandgrube. In dem Abbaugebiet drückt bereits das Grundwasser nach. Eine ähnliche Grube werden wir später nochmals sehen. Dann verlassen wir den Wald und mit weiter Sicht über Getreidefelder kommen wir in das Dorf Massenricht. Der Dorfstraße folgen wir nach rechts, mit einem letzten Aufschwung erreichen wir am Träglhof den höchsten Punkt unserer Radtour. Weiter geht es nun steil bergab nach Ehenfeld.

Fast wie ein natürlicher Grand Canyon mutet die Sandgrube bei Freihung an.

Rokokokirche Hl. Dreifaltigkeit in Freihung

Zur Visquelle Mit einem Linksbogen fahren wir um die Kirche herum und von hier weiter auf der Hauptstraße nach Großschönbrunn. Dabei passieren wir die letzte Sandgrube für heute. Auf der Ehenfelder und der Hirschauer Straße geht es in das Dorf hinein. In der Ortsmitte halten wir uns links und passieren die Kirche St. Johann. Kurz danach queren wir wieder die Bundesstraße 299 und erreichen schließlich auf einem Radweg Kleinschönbrunn. Der geradeaus in das Dorf führende Kirchweg bringt uns schließlich zur Quelle der Vils. In einem kleinen, aber hübsch angelegten Park quillt sie unter einer Mauer aus massiven Steinen ans Tageslicht und füllt einen Teich. Hier macht sie sich auf ihren fast 90 Kilometer langen Lauf, bis sie in Kallmünz in der Naab endet. Gleich hinter dem Park steht am Ufer der jungen Vils das Hüthäusl, eine urige Wirtschaft mit Biergarten. Hier werden Kaffee und Kuchen sowie fränkische Brotzeiten angeboten, beides in einer ausgezeichneten Qualität.

Im Auf und Ab Zurück nach Vilseck weichen wir zunächst von der Radwegbeschilderung ab und fahren knapp zwei Kilometer auf der Fortsetzung der Autostraße weiter, auf der wir gekommen sind. Bei einer Kreuzung treffen wir wieder auf die Beschilderung nach Vilseck, der wir nach links Richtung Adlholz folgen. Danach passieren wir Oberschalkenbach und biegen in Unterschalkenbach rechts von der Straße ab, um sofort die Feldstraße links zu nehmen, die am Sportplatz entlangführt. Wieder geht es über fast endlos scheinende Felder und wir passieren zwei alte, fast zusammengewachsene Laubbäume mit einem Votivbild des Hl. Wendelin, eines alten Viehpatrons. Am Waldrand

Den Baum mit dem Bild des Hl. Wendelin passieren wir bei Unterschalkenbach.

entlang kommen wir zur Kreuzbergkirche. Hier schickt uns die Beschilderung »Vilseck« zunächst gut 100 Meter auf der Autostraße nach links, denn nur hier kommen wir mit einer Kehrtwendung auf die alte Vilsecker Landstraße. Auf ihr fahren wir um das Gut Kreuzberg herum, um sofort wieder rechts auf die Felder abzubiegen. An einer langen Vogelschutzhecke vorbei treffen wir in Heroldsmühle wieder auf die Vils, der wir in nördlicher Richtung folgen. Sie verläuft mit Abstand zu unserem Radweg und darf in diesem Bereich lustig vor sich hin mäandern. Bei Gumpenhof biegen wir nach links, überqueren die Vils und schwenken rechts in die Fahrstraße ein. Auf dem Radweg neben ihr fahren wir ein längeres Stück nach Schlicht, einem Vorort von Vilseck. Die Beschilderung führt uns über die Amberger Straße ins Zentrum von Vilseck. Ein kleiner Bummel durch den Ort lohnt sich. Urkunden sprechen bereits im 10. Jahrhundert von Vilseck im Nordgau Bayerns. Noch heute sieht man Vilseck seine lange Geschichte am Ufer der Vils an: ein lang gestreckter Stadtplatz, bewacht von einem mächtigen Turm und besäumt von behäbigen Bürgerhäusern, und im Hintergrund zur Vils hin eine in sich geschlossene Burg. Vom Marktplatz können wir nach links auf der Bahnhofstraße zu unserem Ausgangspunkt zurückkehren.

✔ Nicht versäumen:

Das Türmermuseum im Vogelturm am Vilsecker Marktplatz beschäftigt sich ausführlich mit dem inzwischen ausgestorbenen Beruf der Türmer, die über Jahrhunderte hinweg für das Wohl und Wehe einer Stadt verantwortlich waren. Es ist Freitag, Samstag und Sonntag sowie an Feiertagen von 14.00 bis 17.00 Uhr geöffnet, man kann aber auch einen Besuch zu anderen Zeiten (Tel. 09662-9916) vereinbaren.

Herrlich einsame Wege führen durch die Oberpfälzer Landschaft.

✔ Hier geht's lang

Ausgangs- und Endpunkt: Vilseck, Bahnhof

Tourencharakter: Rundtour mit viel Sonne, auf ruhigen Nebenstraßen und vielen Wald- und Feldwegen. Es sind jedoch einige Anstiege zu meistern.

Bahn: Vilseck, Bahnhof

Auto: Von Amberg auf der B 299 nach Norden, bei Kienlohe links nach Vilseck. Großer kostenfreier Parkplatz in der Bahnhofstraße hinter der Freiwilligen Feuerwehr. Vom Parkplatz radeln wir dann zur Vilsbrücke. Hier treffen wir uns mit den Radlern, die mit dem Zug gekommen sind.

Übernachtung: Das auffällige rote Hotel Angerer in Vilseck liegt direkt am Marktplatz. Es hat eine lange Geschichte und das angeschlossene Gasthaus ist sehr zu empfehlen (www.angerer-vilseck.de).

Einkehr: In Vilseck der Gasthof Zum Hirschen, der zum Hotel Angerer gehört. Das Hüthäusl an der Vilsquelle in Kleinschönbrunn (geöffnet am Wochenende ab 10.00 Uhr, Mittwoch, Donnerstag und Freitag ab 17.00 Uhr)

Information: www.vilseck.de

8

Leicht | 35 km | 300 Hm | 3.45 Std.

Von Wiesau nach Tirschenreuth

Der Vizinalradweg

Radwege auf historischen Bahntrassen sind etwas Herrliches, schon aufgrund ihres meist ebenen Verlaufes. Steigungen hätten die Lokomotiven vor 100 Jahren nicht geschafft. Um dies zu erreichen, hat man die Bahnstrecken ohne Rücksicht auf andere landschaftliche Gegebenheiten gebaut. Naturschutzverständnis gab es damals noch nicht. So radeln wir mitten durch eine einmalig schöne Teichlandschaft, die wir sonst nie zu sehen bekämen.

✔ Darum einzigartig

Die traumhafte Rundfahrt führt zunächst über die Vizinalbahn zu den Tirschenreuther Karpfenweihern, die wir von der »Himmelsleiter« besonders gut überblicken können. Dann erleben wir die Stadt Tirschenreuth mit ihrem riesengroßen Marktplatz und schließlich Falkenberg unter seiner gewaltigen Burg. Alles in allem fast schon ein »Best-of« der Oberpfalz.

Durch Felder und lichten Wald Wir beginnen unsere Tour am Bahnhof von Wiesau und fahren vom Bahnhofsplatz auf der Tonwerkstraße nach Süden. Bei der Kreuzung nehmen wir die kleine Straße rechts, die zunächst parallel zur ansteigenden Tonwerkstraße führt. Dann überqueren wir die Hauptstraße und biegen in die schmale Straße nach links ein. Wir radeln unter der Bahn durch und treffen auf den Südweg, um dann 50 Meter weiter den Radweg zu finden, der parallel zur Autostraße aus dem Ort führt. Jetzt sind wir auf der ehemaligen Trasse der alten Vizinalbahn unterwegs, die zum Vizinalradweg geworden ist. Als vor mehr als 150 Jahren die großen Städte Bayerns mit Bahnlinien verbunden wurden und dadurch erheblichen wirtschaftlichen Aufschwung erhielten, erkannte man, dass dieser Boom an den Kleinstädten vorbeigegangen war. So erschloss man diese durch Stichbahnen und nannte diese »Vizinalbahnen«, ein Wort, das sich aus dem lateinischen »vicinus« für »benachbart« ableitet. Wir werden diese Bahntrasse nun bis Tirschenreuth nutzen. Rasch verlassen wir die Randgebiete von Wiesau, überqueren die Autobahn A 93 und tauchen in einen lichten Wald ein. Allmählich wird der Boden sandiger, die Föhren in dem Wald zeigen es uns an. Wir erreichen die Kreuzung mit dem Zoiglradweg, der von Norden nach Süden führt. Hier stand von 1872 bis 1989 der Bahnhof Gumpen, eine Unterstandshütte ersetzt ihn. Hinter der Hütte haben wir im Sommer ein blühendes Feld mit den roten Stängeln des Fingerhuts (Digitalis) gefunden. Die Pflanze ist hochgiftig, dennoch wird aus ihr ein hochwirksames Herzmedikament gewonnen. Zwei Namen auf dem Wegweiser haben uns neugierig gemacht: Heusterzbrücke und Himmelsleiter.

Für die Himmelsleiter, den Aussichtsturm auf die Tirschenreuther Karpfenteiche, lassen wir am Vizinalradweg gerne kurz die Räder stehen.

Fischweiher so weit das Auge reicht

Durch das Land der tausend Seen Dem wollen wir nachfahren und so stoßen wir nach gut fünf Minuten rechter Hand auf eine unglaublich elegante Brücke über die Tirschenreuther Waldnaab. Das ist die Heusterzbrücke, die ihren Namen von einem nahe gelegenen Hügel hat, der ganze 10 Meter über das Niveau der Teiche herausragt. Nochmals knapp 500 Meter weiter kommen wir an die Himmelsleiter, eine respektable Stahlkonstruktion. Bequeme Treppen führen hinauf.

Von dem breiten Plateau erhält man einen guten Einblick in die durch die Teiche gegliederte Landschaft. Wir sehen deutlich, wie Teich an Teich grenzt, ihr Wasser ist höchstens ein bis zwei Meter tief. Es gibt kaum einen Zufluss, sodass sich das Wasser im Sommer stark erwärmt. Das lieben die Karpfen, die hier schon seit dem Mittelalter von Fischbauern für das Kloster Waldsassen gezüchtet werden. Nachdem wir uns noch an den großen Lehrtafeln unter dem Aussichtsturm informiert haben, schwingen wir uns wieder aufs Rad und haben in wenigen Minuten Tirschenreuth erreicht.

Tirschenreuth Der Vizinalradweg führt seiner alten Trasse folgend um die Altstadt von Tirschenreuth herum nach Bärnau an der Grenze nach Tschechien. Wir wollen uns jedoch das Stadtzentrum nicht entgehen lassen und nehmen am Kreisverkehr in der Bahnhofstraße die erste große Abfahrt. Nach etwa 150 Metern biegen wir links ein und folgen somit weiter der Bahnhofstraße. Sie bringt uns aufwärts direkt zum Maximiliansplatz im Herzen der Altstadt. Wir sind erstaunt über den 200 Meter langen Stadtplatz, der von zweigeschossigen Häusern gesäumt wird. Dazwischen steht alles überragend das prunk-

Die Burg Falkenberg mit Rathaus im gleichnamigen Ort Falkenberg erreichen wir am Rückweg.

volle Renaissancerathaus mit seinem markanten Erker. Im Norden endet der Platz mit der Pfarrkirche Mariä Himmelfahrt.

In ihrem Inneren erwartet uns ein farbig gefasster spätgotischer Hochaltar mit der Kreuzigung Christi im Mittelschrein. Einer der wohl bedeutendsten Söhne der Stadt war der 1785 hier geborene Sprachforscher Johann Andreas Schmeller, der grundlegende Forschungen über den altbayerischen Dialekt veröffentlichte. Sein Hauptwerk, das *Bayerische Wörterbuch*, gilt auch heute noch als Standardwerk der Bayerischen Sprache und wird eben (wieder einmal) neu aufgelegt. Die Stadt erinnert an ihn mit einer Büste zentral am Maximilianplatz.

Zur Burg Falkenberg Zur Weiterfahrt nehmen wir die Hörmannsgasse am nördlichen Ende des Maximilianplatzes und schieben dann unsere Räder steil abwärts an der Stadtinformation und dem Museumsquartier vorbei zur Regensburger Straße. Ihr folgen wir nach rechts zum Lengenfelderweg, in den wir nach rechts abbiegen. Als Egergraben-Radweg ist das nächste Stück unserer Tour bis Falkenberg ausgeschildert. Bald unterqueren wir die große Autostraße, passieren den Radweg neben ihr und biegen sofort darauf links in den nächsten Radweg ab. Vorbei am Fußballplatz mündet er nach rechts in eine Fahrstraße. Ohne viel vom Autoverkehr gestört zu werden, fahren wir leicht aufwärts, zum Glück hauptsächlich durch schattigen Wald, bis linker Hand der große Rothenbürger Weiher auftaucht, der uns Gelegenheit zu einem Sprung ins Wasser gibt. Hier verlassen wir die Fahrstraße nach rechts, radeln aufwärts über Felder am Gut Rothenbürg vorbei

Tirschenreuther Marktplatz

und biegen dahinter links weiter aufwärts zum Wald hin ab. Am Waldrand geht es den Schildern nach ganz kurz nach rechts und dann wieder nach links in den Wald hinein. Das ist bereits der Falkenberger Wald, wo wir gemütlich gleich wieder einige Höhenmeter verlieren. Wir passieren ein paar Fischweiher und kommen am Waldrand in das Netzbachtal, von dem es aufwärts zur großen Fahrstraße geht. Hier haben uns die Straßenplaner einen breiten Radweg beschert, auf dem wir direkt ins Zentrum von Falkenberg kommen. Über dem kleinen Markt dominiert die Burg Falkenberg. 2009 hat die Gemeinde Falkenberg sie von der Besitzerfamilie der Grafen von der Schulenberg erworben. Heute beherbergt die Burg ein kleines Hotel und ein Museum, das über die Geschichte und vor allem über das Leben des von den Nationalsozialisten ermordeten Friedrich-Werner Graf von der Schulenburg erzählt (geöffnet mit Führung Sonntag 14.00 und 15.30 Uhr oder nach Anmeldung 09637-929945-0).

Zurück nach Wiesau Für die Rückfahrt wählen wir die Premenreuther Straße und radeln aus dem Ort. Wir kreuzen die Umgehungsstraße und fahren auf der anderen Straßenseite in den unscheinbaren Feldweg, dem wir aufwärts nach Seidlersreuth folgen. Im Ort führt etwas nach links versetzt unser Weg weiter und bringt uns, immer gut mit dem Radwegsymbol beschildert, über die Autobahn A 93. Angenehm schattig führt der Weg weiter durch den Wald, nach einer scharfen Rechtskurve rollen wir abwärts vorbei an vielen Fischteichen. Einer davon rechts bietet sich für eine Abkühlung an, er ist als »Badeplatz Kipp« ausgeschildert. Hier wurde eine alte Tongrube zum Badesee umgestaltet. Weiter geht es den Radwegschildern nach über die Egerstraße und die Hauptstraße ins Ortszentrum von Wiesau mit der markant gelben Pfarrkirche St. Michael. Ihr barocker Hochaltar stammt aus der Zeit um 1700. Das letzte Stück zurück nehmen wir die lange Bahnhofstraße, passieren das neue Zentrum von Wiesau und erreichen so direkt unseren Ausgang, den Bahnhof.

✔ Nicht versäumen:

Vom Stadtplatz von Tirschenreuth lässt sich ein kleiner Abstecher zum Fischhof machen. Das war, modern gesagt, das Finanzamt des Klosters Waldsassen und ist inzwischen das Amtsgericht. Der heutige Bau stammt von 1680. Er liegt romantisch im aufgestauten Netzbach und kann über eine steinerne Bogenbrücke erreicht werden. Für Fotografen ein wunderschönes Motiv.

Wilder Fingerhut wächst im Sommer am Waldrand, aber Vorsicht – er ist giftig!

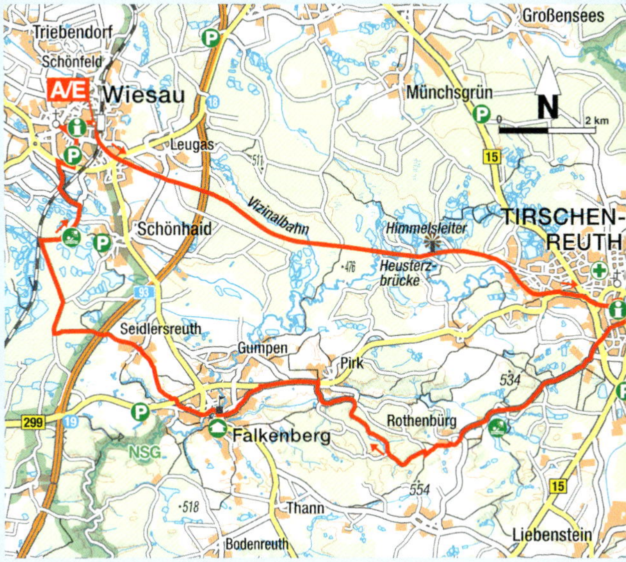

✔ Hier geht's lang

Ausgangs- und Endpunkt: Wiesau, Bahnhof

Tourencharakter: Rundtour mit relativ viel Schatten, auf einer alten Bahntrasse und über Feld- und Waldwege sowie auf ruhigen Nebenstraßen. Bis Tirschenreuth fast völlig eben, danach sind jedoch einige Anstiege zu meistern. Zweimal gibt es die Möglichkeit zum Baden in einem der Weiher, also Badesachen und Mückenschutz nicht vergessen.

Bahn: Wiesau, Bahnhof

Auto: Autobahn A 93, Ausfahrt Wiesau. Auf der Mitterteicher Straße Richtung Stadt, kurz vor der Bebauung rechts in die Tonwerkstraße abbiegen. Sie führt direkt zum Bahnhof. Parkmöglichkeit in den Seitenstraßen gegenüber dem Bahnhof.

Übernachtung: Das Hotel Bayerischer Hof in Wiesau, Bahnhofstr. 44, www.hotel-bayerischer-hof-wiesau.de, liegt keine 5 Minuten vom Bahnhof entfernt. Wir können es sowohl für eine Übernachtung als auch als Restaurant sehr empfehlen.

Einkehr: In Falkenberg bieten sich zwei Gasthöfe zu einer Einkehr an: der Gasthof Zum Goldenen Stern am Marktplatz (Montag Ruhetag) und der Gasthof Zum Roten Ochsen in der Schönfichter Straße (Dienstag Ruhetag).

Information: www.wiesau.de

9

Mittel | 57 km | 480 Hm | 5.30 Std.

Von Schwarzenfeld entlang der Schwarzach

Durch das Oberpfälzer Seenland

Begleitet von der naturbelassenen Schwarzach, die sich noch in zahllosen Schleifen winden darf, radeln wir auf herrlich bequemen aufgelassenen Bahntrassen nach Neunburg vorm Wald. Am Rückweg freuen wir uns dann über die große Oberpfälzer Seenplatte mit ihrer weiten Wasserlandschaft.

✔ Darum einzigartig

Die Rundfahrt erschließt uns zunächst auf einer alten Bahntrasse das Tal der Schwarzach, die noch wie zu Urzeiten in vielen Mäandern durch die fruchtbare Ebene fließt. Auf der Rückfahrt erleben wir dann die Oberpfälzer Seenplatte, der man es nicht mehr ansieht, dass hier noch vor vierzig Jahren Braunkohle im Tagebau abgebaut wurde. Die zahlreichen Seen bieten sich zur Erholung und zum Schwimmen an, deshalb unbedingt Badezeug einpacken.

Land an der Naab Wir beginnen unsere Tour am Bahnhof von Schwarzenfeld und folgen der Bahnhofstraße, die uns von den Gleisen wegführt. Sie mündet in die Hauptstraße, der wir nach rechts fast bis zur Ampel an der großen Neuen Amberger Straße folgen. Kurz zuvor biegen wir jedoch links in die Schlossstraße und erreichen das Naabufer. Hier blicken wir auf die alte Pfarrkirche von Schwarzenfeld, die den Heiligen Dionysius und Ägidius geweiht ist. Daneben ragt einer der Schlosstürme in den Himmel. Das Schloss war einst der Alterssitz des Grafen Max von Holnstein, der durch seine Verhandlungen zur Kaiserkrönung 1871 ganz wesentlich die bayerische Geschichte beeinflusst hat. Nach einem Großbrand 1982 wurde das Schloss zu einem Tagungshotel umgebaut. In der Verlängerung der Schlossstraße führt ein steiler Weg abwärts (bitte absteigen und schieben!) zum Radweg entlang der Naab, der uns in nördlicher Richtung bis Brensdorf begleitet.

Vor den ersten Häusern des Dorfes biegt unser Weg dann rechts ab. Für diejenigen, die sich für die Geschichte der frühen Eisenbahnen interessieren, hätten wir noch ein kleines Schmankerl. Gute fünf Minuten weiter, um das Dorf herum und dann am Bahndamm entlang, finden wir die alte Naabbrücke der aufgelassenen Bahnlinie Nabburg-Schönsee. Bereits zu ihrer Erbauung staunte man über die aufsehenerregende Bauweise, die eine Kombination aus Stein und Zement mit einer modernen freitragenden Stahlträgerkonstruktion ist. So konnte man eine große Spannweite über den Fluss erreichen. Heute steht die Brücke unter Denkmalschutz.

Fluss Schwarzach bei Schwarzach am Bocklweg

Nachdem wir die Brücke besichtigt haben, kehren wir zu unserem Weg zurück, überqueren die Naab und fahren unter der Autobahn hindurch in die Bahnhofstraße von Wölsendorf. Von einem Bahnhof ist hier weit und breit nichts mehr zu sehen, es war die Bahnlinie Nabburg-Schönsee, doch zumindest die alte Bahntrasse gibt es noch und die werden wir nun als bequemen Radweg nutzen.

Entlang der Schwarzach In die für uns Radler bestens umgebaute alte Bahntrasse schwenken wir an der zweiten Kreuzung im Dorf rechts ein. In einem weiten Linksbogen bringt sie uns in die Nähe der wild mäandernden Schwarzach. Übrigens heißt der Weg offiziell »Leuchtenberg-Tour«, so steht es auch auf den Wegweisern und auf den Karten. Doch für die Anwohner ist das der »Bocklweg« geworden, in Erinnerung an das fauchende Dampfbockerl, das einst die nördliche Oberpfalz mit der weiten Welt verbunden hat. Unser Radweg führt an den Felsen des Wirtsberges vorbei. Auf dem Gesteinsschutt unterhalb der Felsen hat sich eine Wildblumenwiese entwickelt, über die sich Bienen freuen. Stets der Beschilderung »Leuchtenberg-Radweg« folgend umfahren wir im Süden den Ort Schwarzach mit seiner romanischen Dorfkirche und erreichen über Altendorf Zangenstein. »Stein« bedeutete früher ein aus Steinen gebautes Haus und das war damals eine Burg. Tatsächlich stand hier am Zusammenfluss von Schwarzach und Murach eine Burg, von der noch einige Mauern und die Burgkapelle erhalten geblieben sind.

Hier verlässt uns der Leuchtenberg-Weg in Richtung Norden. Wir bleiben weiter der Schwarzach treu und erreichen über Schönau und Pettendorf mit seinem gewaltigen Burgturm Katzdorf. Dort wendet sich der Radweg nach links und schon sind wir in Neunburg vorm Wald.

Neunburg vorm Wald Auf der Austraße nach links erreichen wir die Straße Vorstadt und treffen auf den Jobplatz. Gegenüber führt uns die Hauptstraße aufwärts ins Herz der Altstadt. Die Pfarrkirche St. Josef bildet zusammen mit dem Schloss und dem Rathaus einen eigenen Bezirk im Zentrum. Nach dem Besuch der Altstadt ist noch Zeit, um durch den Stadtpark zu radeln. Also fahren wir zum Jobplatz zurück, wenden uns nach rechts und sind schon im Park mit seinen großen Teichen. Wir durchqueren ihn und bekommen dabei einen recht guten Eindruck, wie uneinnehmbar Neunburg im Mittelalter war, als Feuerwaffen noch unbekannt waren. Auf der anderen Seite des Parks umrunden wir die Altstadt auf der Gerhardingerstraße und auf der Konrad-Adenauer-Straße und kommen so zum Jobplatz zurück.

Oberpfälzer Seenland Für die Rückfahrt geht es zunächst wieder auf die Straße Vorstadt, von der wir jetzt aber links in die Bahnhofstraße einbiegen. Auch das ist wiederum eine Bahnhofstraße ohne Bahnhof und erneut der Beginn einer schönen Trasse für Radfahrer. Nun sind wir auf dem Regen-Schwarzach-Radweg unterwegs, der sich in weiten Schleifen um den Pfieferlberg herumwindet. Lange geht es recht einsam durch den Wald. Wenn wieder die ersten Häuser auftauchen, müssen wir aufpassen. Wir queren geradeaus die größere Autostraße und radeln schnurgerade in einer Allee weiter. Auch die nächste kleine Straße queren wir, vorbei am weitgehend zugewachsenen Lindenweiher geht es dann am Waldrand entlang. An den Fischweihern von Eichenthal biegen wir dann scharf nach rechts ein und kommen wieder zur Autostraße. Auf der anderen Seite radeln wir nach links und sind jetzt auf dem Oberpfälzer-Seenland-Radweg unterwegs. Nach rechts kommen wir über Pingarten nach Taxöldern. Im Dorf biegen wir rechts ab und fahren durch einen schönen Wald, der Kapellenholz genannt wird. Der nächste Ort ist Hofenstetten. Wir umrunden den Dorfweiher und verlassen das Dorf nach Süden. Noch fast am Dorfrand stoßen wir auf eine Straße, der wir nach rechts folgen. Nun sind wir den drei großen Oberpfälzer Seen – dem Ausee, dem Brückelsee und dem Murner See – schon ganz nahe.

Zurück über die Fischweiher Wir kommen zu einem Flugplatz für Modellflugzeuge und können mit etwas Glück zuschauen, welch abenteuerliche Kunststücke diese Miniaturflugzeuge machen. Nach links lohnt sich ein Abstecher zu den Badeplätzen am Murner See. Sie befinden sich am Übergang vom Murner See zum Brückelsee, wo es auch Campingplätze und einen Yachthafen gibt. Wer darauf keine Lust hat, biegt nur minimal nach links ein, um dann gleich rechts zum Ufer des Murner Sees zu radeln. Dort biegen wir dann ebenfalls rechts ein und folgen dem Uferradweg. Er folgt den Buchten des Sees,

Pfingstrosen wachsen unter der Burgruine Zangenstein und der Schlosskapelle Unsere Liebe Frau.

Mit einem Abstecher kann man den Erlebnispark Wasser-Fisch-Natur am Südufer des Murner Sees besuchen.

wobei wir nun auch gleich auf die ersten Fischweiher treffen. Idyllisch geht es nun um eine weitere Bucht, dann nähert sich unserem Weg die Straße. Kurz vor dem Kanal geht es für uns auf die Straße, der wir weiter in ursprünglicher Fahrtrichtung folgen. Nach wenigen Metern erreichen wir eine Verzweigung. Wir halten uns rechts und wieder geht es an vielen Gewässern vorbei zu einer T-Kreuzung. Dort treffen wir auf den Naab-Regen-Radweg, dem wir nach rechts folgen. Die Fischweiher nehmen nun kein Ende, wir sind am Rand des Charlottenhofer Weihergebiets unterwegs, des größten Naturschutzgebiets der Oberpfalz. Es sind die Reste eines riesigen Teichnetzes, von dem ein Teil durch den Braunkohleabbau zerstört wurde. Die Weiher wurden bereits im Mittelalter von Mönchen zur Fischzucht angelegt und später von Adeligen bewirtschaftet. Heute befindet sich ein Großteil der Teiche im Privatbesitz und dient immer noch der Fischzucht, auch wenn sie hier im Naturschutzgebiet nur im gemäßigten Maß bewirtschaftet werden dürfen. Mit etwas Glück kann man hier Fischadler beobachten. Kormorane, die meist auf abgestorbenen Bäumen sitzen, sind leichter zu finden. So erreichen wir Asbach, wo wir der Beschilderung folgend scharf links abbiegen. Kurz darauf überqueren wir die Autobahn und biegen am großen Betonwerk bei nächster Gelegenheit rechts ab. Unser Weg führt jetzt zwischen Autobahn und Naab direkt nach Schwarzenfeld. In der Nähe der Autobahnauffahrt geht es links über die Naab zu einer Ampel. Rechts abbiegend sind wir wieder auf der Hauptstraße und damit auf dem bekannten Weg zu unserem Ausgang, dem Bahnhof von Schwarzenfeld.

✔ Nicht versäumen:

Wer sich für prähistorische Stätten interessiert, für den bietet sich in Neunburg vorm Wald noch ein besonderes Schmankerl: der Druidenstein. Dazu fährt man vom Ostausgang des Stadtparks auf der Kröblitzer Straße etwa einen Kilometer nach Norden. Dann sieht man rechts von der Straße über den Feldern übereinandergetürmte, frei zugängliche Granitblöcke in den bekannten Wollsackformen. Auf ihnen sind zahlreiche Zeichen und Formen eingehauen, die bis in vorgeschichtliche Zeiten zurückführen.

Das nahe Schwandorf mit seiner Pfarrkirche St. Jakob über der Naab lohnt einen Besuch nach der Tour.

✔ Hier geht's lang

Ausgangs- und Endpunkt: Schwarzenfeld, Bahnhof

Tourencharakter: Rundtour mit viel Sonne meist auf Radwegen, teilweise eben auf alten Bahntrassen, auf Nebenstraßen und Wald- und Feldwegen. Es gibt aber auch einige Anstiege. Badesachen nicht vergessen!

Bahn: Schwarzenfeld, Bahnhof

Auto: Auf der Autobahn A 93 Ausfahrt Schwarzenfeld. Parkplätze in der Nähe des Bahnhofs

Übernachtung: Im Hotel Schloss Schwarzenfeld logiert man geradezu luxuriös, aber doch bezahlbar in historischen Räumen (www.schloss-schwarzenfeld.de), weitere Möglichkeiten gibt es im nahen Schwandorf.

Einkehr: Gasthof Sporrer in Neunburg vorm Wald (www.gasthofsporrer.de), Restaurant Seaside (gehoben) am Murner See (www.seaside-murnersee.de)

Information: www.schwarzenfeld.de

Von Regensburg nach Kallmünz

Drei-Flüsse-Radweg

Drei Flüsse begleiten unsere Radtour: der Regen, die Naab und die Donau. Dazwischen liegt eine hügelige Kulturlandschaft. Mit dem malerischen Markt Kallmünz, dem Kloster Pielenhofen oder der Wallfahrtskirche Maria Ort gibt es genügend Sehenswürdigkeiten für kulturelle Ansprüche.

✔ Darum einzigartig

Jeder der drei Flüsse ist anders und gemeinsam sind sie wirklich einzigartig. Die Radwege verlaufen entspannt an ihren Ufern und am Regen und an der Naab laden malerische Flussbäder zu einer Pause ein. Höhepunkte sind der Markt Kallmünz mit seiner Burg und die mittelalterliche Stadt Regensburg.

Der erste Fluss: an der Regen Wir starten auf der Steinernen Brücke an der Donau in Regensburg. Mit dem Dom im Rücken geht es nach Norden. Wir queren die Insel Obere Wöhrd und radeln geradeaus durch die malerische Straße Stadtamhof. An ihrem Ende erreichen wir die Regensburger Schleuse, die das Wasser auf dem schiffbaren Teil der Donau reguliert. Nun wenden wir uns nach rechts und schieben bzw. radeln in einer Kurve auf die Brücke hinauf zum nördlichen Donauufer. Am besten schieben wir auf der anderen Flussseite auch gleich wieder abwärts, denn hier folgen wir rechts der Straße, die unter der Brücke verläuft. Sie bringt uns nach wenigen Pedalumdrehungen zur Mündung des Flusses Regen in die Donau und damit zum Beginn oder dem Ende des Regental-Radweges. Jetzt gibt der Fluss die Richtung vor und wir halten uns immer an die Beschilderung »Regenstauf«. Vorbei an einigen schönen Flussbadestellen verlassen wir Regensburg und sind dann mitten im Grünen, auch wenn uns die Autobahn ein Stück weit begleitet. Kurz darauf erreichen wir an einer Staustufe das Erholungsgelände Pielmühle. Mit etwas Glück entdeckt man Fische an der Fischtreppe, weiter bringt uns der Radweg nach Norden. Mal mehr, mal weniger nah am Fluss erreichen wir an einer Kreuzung Regendorf. Auch hier geht es geradeaus in Richtung Regenstauf. Bald radeln wir durch Edlhausen, an der nächsten Kreuzung könnten wir nach der Unterführung rechts einen Abstecher nach Regenstauf unternehmen. Wir haben aber noch einiges an Strecke vor uns und so halten wir uns weiter auf dem Radweg und erreichen die ersten Häuser von Diesenbach, einen Ortsteil von Regenstauf. Nun müssen wir ein wenig aufpassen: Das Radwegschild »Regen-Naabtal« ist leicht zu übersehen. Wir müssen auf jeden Fall nach links in den Haslacher Weg abbiegen.

Hügelige Verbindungsstrecke ins Naabtal Wir verlassen Diesenbach in westlicher Richtung und leider ist vorerst der gemütliche Teil der Radtour zu Ende. Wir queren die

Autostraße und gleich darauf die Autobahn. Kurz darauf folgen wir dem Radwegschild nach rechts bergauf durch Oberhaslach und Preßgrund. Der erste Anstieg ist schnell geschafft und schon geht es wieder flacher über landwirtschaftliche Felder. Kurz vor den Häusern von Wieden biegen wir links ab (ein Radwegschild fehlt hier, aber es geht nicht geradeaus in die Sackgasse). Jetzt radeln wir völlig entspannt bergab und dürfen uns über die Aussicht freuen. Unsere Strecke verläuft durch die Häuser von Epfentau und schließlich erreichen wir Eitlbrunn. In die Hauptstraße biegen wir links ein, um am Ortsende rechts den Forstbergweg zu nehmen. Wir passieren ein Neubaugebiet, am Ende beginnt wieder ein Radweg, der an einer Weggabelung endet. Nun bleiben wir rechts und fahren leicht bergauf nach Steinsberg. Am Ortsanfang geht es links in die Pfalzgrafenstraße. Wir erreichen am Waldrand die Waldgaststätte Pilz und radeln wenige Meter dahinter nach rechts. Weiter ansteigend geht es aussichtsreich am Waldrand entlang und schließlich geradeaus in den Wald.

Ein großes Highlight der Tour ist Kallmünz.

Durch den Schwaighauser Forst Nun sind wir schön schattig im Schwaighauser Forst unterwegs. Der Radweg vollzieht eine leichte Kurve und dann liegt eine lange gerade Forststraße vor uns. Wir queren eine Vorfahrtstraße und schon sausen wir schnurgerade bergab. Nach einer weiteren Straßenquerung biegen wir an einer Forststraßenkreuzung bei einem Rastplatz rechts ab und abwärts geht es nach Wolfsegg. Den Ort touchieren wir nur, denn an der Vorfahrtstraße geht es schon wieder links und erneut bergauf über die Felder. Rechts von uns sehen wir über die Felder die Burg von Wolfsegg, eine kleine Entschädigung für den Anstieg. Wolfsegg ist eine der wenigen mittelalterlichen Höhenburgen Bayerns, die nie zerstört wurden. Die gotische Bausubstanz ist vollständig erhalten. Unsere Steigung ist leider immer noch nicht zu Ende, weiter bergauf biegen wir im Ortsteil Stetten nach links. Für ein minimales Bergab-Stück lassen wir die Räder laufen, holen Schwung, denn nun steht der wirklich letzte Anstieg an. Wir erreichen den Weiler Wall und haben nun die Höhenmeter für diese Radrunde geschafft. In Wall biegen wir rechts ein (Schild »Pielenhofen«) und fahren nun steil bergab. Etwas aufpassen müssen wir. Am Waldrand geht die Teerstraße unvermittelt in einen Forstweg über, außerdem dürfen hier auch Autos fahren. Aber die kleine Downhill-Fahrt macht Spaß und es ist herrlich, ohne jede Anstrengung durch den Wald zu cruisen. Schon in Sichtweite zum Kloster Pielenhofen stoßen wir dann auf eine Teerstraße, der wir rechts abwärts an die Naab folgen.

Gut, wenn wir uns nach der anstrengenden Radtour noch etwas Zeit in Regensburg gönnen.

Abstecher nach Kallmünz Nun ist auf jeden Fall eine kurze Rast angesagt. An der Staustufe gibt es eine kleine Liegewiese, wir können ins Wasser springen oder den Kanufahrern und den Stand-up-Paddlern zuschauen. Hier in Pielenhofen müssen wir uns aber auch entscheiden. Schaffen wir noch den Abstecher entlang der Naab nach Kallmünz? Das sind hin und zurück 22 Kilometer. Nicht nur Kallmünz ist sehr sehenswert, auch der Naabtal-Radweg ist jeden Kilometer wert. Deshalb radeln wir nach der Pause weiter flussaufwärts und halten uns mit der Beschilderung nach Kallmünz stets an der Naab entlang. Immer wieder begegnen uns auf dem Fluss Kanufahrer, die durch die Naab und ihre Altwasserarme paddeln. Vorbei an Duggendorf, wo es ebenfalls eine schöne Badestelle gibt, erreichen wir Schloss Heitzenhofen mit seiner netten Schlosswirtschaft. Der nächste Landgasthof »Zum Birnthaler« wäre aber auch nicht weit, wir erreichen ihn kurz darauf im Weiler Krachenhausen. Aber dann sind nur noch wenige Minuten bis Kallmünz. Dafür geht es nur noch unter der großen Umgehungsstraße durch und dann radeln wir links auf der Alten Regensburger Straße zur Steinbrücke, die uns hinüber zur Altstadt unter der Burg bringt. Die Räder stellen wir ab und starten zu einem Erkundungsgang durch das romantische Städtchen. Einige Gasthäuser locken und direkt am Naabufer eine Eisdiele und ein Café.

Nummer zwei: Naabtal-Radweg Irgendwann müssen wir uns auf den Rückweg machen. Bis Pielenhofen verläuft unsere Tour auf gleichem Weg zurück. Der Weiterweg ist ebenfalls denkbar einfach: Wir bleiben flussabwärts auf »unserer«, Uferseite mehr oder

Kallmünz in der Oberpfalz

weniger dicht an der Naab. Unmittelbar hinter dem Campingplatz Distelhausen wendet sich der Radweg wieder dem Wasser zu. Danach folgen wir den weiten Flussschleifen über Deckelstein und Ebenwies, bis wir am Fußballplatz von Etterzhausen an eine große Straße stoßen. Noch ein Stück geht es geradeaus, dann sind wir an der Radwegkreuzung unweit der großen B8. Zurück nach Regensburg führt der schnelle Weg entlang der großen Bundesstraße. Viel schöner und deutlich ruhiger ist die Strecke über Maria Ort. Dazu wenden wir uns nach rechts, queren die Straße und radeln auf dem Radweg die wenigen Meter zur großen Bundesstraße B8, auf der wir die Naab überqueren. Kurz geht es in Etterzhausen bergauf, dann biegen wir nach dem Schloss links in die Mariaorter Straße ein. Leicht bergab fahren wir nun wieder an die Naab zur kleinen Wallfahrtskirche Mariaort. Das barocke Gotteshaus liegt fast direkt am Naabspitz, wo die Naab in die Donau fließt.

Aller guten Dinge sind drei: Donauradweg Eine geschwungene Brücke führt uns über die letzten Meter der Naab auf die andere Flussseite. Dort nach rechts stehen wir wenig später vor dem Gasthof Krieger, der nicht nur bei Wallfahrern auf dem Weg nach Maria Ort beliebt ist. Er ist die inoffizielle Endstation der vielen Naab-Kanufahrer und natürlich auch hervorragend für uns Radfahrer geeignet. Ab hier folgen wir nun dem Donauradweg die letzten Kilometer zurück nach Regensburg. Die Straße ist nur für landwirtschaftlichen Verkehr freigegeben, sodass wir bis auf die vielen Freizeitsportler sehr ruhig unterwegs sind. Vorbei an Gemüsefeldern, die zeigen, wie nährstoffreich die

Rastplatz vor dem Kloster in Pielenhofen an der Naab

Böden entlang der Donau sind, genießen wir den Blick auf das Wasser und auf die vorbeischippernden Frachtschiffe. Langsam nähern wir uns der großen B 8, die parallel zu uns verläuft. Links von uns schmücken die ersten Häuser von Regensburg das Hochufer. Für die letzten Meter geht es nur noch unter der Autobahn hindurch und wir stehen am Wasserkraftwerk Regensburg. Wer möchte, bleibt auf der jetzigen Uferseite und radelt entlang des Kanals zur nächsten Schleuse, der Stelle, die wir vom Hinweg bereits kennen. Für eine besonders malerische Rückkehr queren wir den Kanal und anschließend noch die kleine Brücke auf die Insel Obere Wöhrd. Wenn wir uns dann links halten, erreichen wir auf einem Schleichpfad durch eine uralte Allee die Häuser von Wöhrd und gleich dahinter die Steinerne Brücke. Nun ist hoffentlich noch viel Zeit für die Besichtigung von Regensburg. Die wunderschöne Stadt, die für uns zu einer der schönsten bayerischen Städte zählt, lohnt sich immer und ist eigentlich eine eigene Reise wert.

✔ Nicht versäumen:

Die kleine Marktgemeinde Kallmünz liegt am Zusammenfluss der Vils und der Naab. Über die malerische Altstadt wacht eine große Burgruine. Die bunten Häuser schmiegen sich an den Burgfelsen und verschmelzen zum Teil damit. Eine geschwungene Steinbrücke führt über die Naab in den historischen Dorfkern, in dem viele Künstler wohnen.

Kirche Mariä Himmelfahrt im Regensburger Ortsteil Sallern am Fluss Regen

✔ Hier geht's lang

Ausgangs- und Endpunkt: Regensburg, Steinerne Brücke

Tourencharakter: Nur aufgrund der Länge eine schwierige Radtour, die im Mittelteil hügelig verläuft. Zu Beginn und am Ende völlig flach. Meist auf Radwegen und kleinen Nebenstraßen. Im Bereich der Flüsse meist ungeteert. Badesachen nicht vergessen!

Bahn: Regensburg Hauptbahnhof, vom Bahnhof radelt man auf der Maximilianstraße nach Norden zum Donauufer und dort links zur Steinernen Brücke.

Auto: Auf der Autobahn A 93 nach Regensburg, Ausfahrt 39 Regensburg/Pfaffenstein, auf der Frankenstraße Richtung Stadtamhof, gute Parkmöglichkeiten am Dultplatz oder Am Protzenweiher. Von dort entlang der Donau flussabwärts und dann zum nördlichen Ende von Stadtamhof.

Übernachtung: Sehr lässig und stylisch ist das Hotel Green Spirit mit grünem Innenhof in Regensburg. Es liegt in Fußweite zur Altstadt am nördlichen Donauufer (www.greenspirithotel.de).

Einkehr: Mehrere Möglichkeiten unterwegs: Schlossgaststätte Heitzenhofen an der Naab, in Kallmünz der Zoiglbräu Zum Bürstenbinder, Gasthof Krieger bei Maria Ort

Information: www.regensburg.de

Lauf an der Pegnitz im Nürnberger Land

Der Fünf-Flüsse-Radweg

Charakterstark

Diese Mehrtagesrundtour verbindet fünf verschiedene Flusstäler, die alle ihren ganz eigenen Charme und Charakter besitzen: Donau, Altmühl, Pegnitz, Vils und Naab. Wenn man sich ein bisschen Zeit nimmt, kann man jeden Tag ein anderes Flusstal erobern. Und es lohnt sich zu trödeln, denn viele interessante Highlights liegen an der Strecke.

✓ Darum einzigartig

Abgesehen von den wunderbaren bayerischen Flüssen prägen gleich zwei Regionen diese Radtour. So pendeln wir zwischen der Oberpfalz und Mittelfranken hin und her. Die Radtour eignet sich perfekt für Natur- und Kulturfreunde. Es liegen zahlreiche bedeutende Städte an der Strecke, aber auch jede Menge Burgen, Klöster und einige interessante Museen. Fazit: Eigentlich brauchen wir länger als nur fünf Tage, um alles voll auskosten zu können.

So beginnen wir in Regensburg an der großen Donau. Der Radweg entlang der Donau ist eigentlich kein Geheimtipp mehr. Doch die meisten radeln natürlich von der Quelle bis Passau und so bekommen wir auf dem Donauabschnitt nach Kelheim viel Gegenverkehr. Unterwegs gibt es natürlich jede Menge zu sehen. Alleine schon unser Startplatz Regensburg verdient viel Zeit. Aber zum Glück kommen wir am Ende der Strecke wieder hier an, sodass wir dann den Rest in Ruhe ansehen können. Die erste Etappe eignet sich sehr gut zum Einfahren, denn sie ist nicht wirklich lange. Auf dem Weg passieren wir Maria Ort mit ihrer Wallfahrtskirche und den Kurort Bad Abbach. Am Ende des Tages besuchen wir die berühmte Befreiungshalle König Ludwigs I. über Kehlheim oder wählen eines der Ausflugsschiffe, um durch die Weltenburger Enge, den Donaudurchbruch mit seinen schroffen Felswänden, zum Kloster Weltenburg zu fahren.

Am zweiten Tag sind wir an der Altmühl unterwegs. Der idyllische Fluss fließt sanft und still durch den Naturpark Altmühltal. Anfangs teilen wir uns das Tal mit dem Main-Donau-Kanal. Es geht vorbei an Essing mit seiner alten Holzbrücke und der hübschen Burg Prunn nach Riedenburg mit seiner Rosenburg, in der wir eine Falknerei-Flugshow erleben dürfen. Weiter geht es über Dietfurt und Beilngries mit seinem Schloss Hirschberg zum Kloster Plankstetten und dann nach Berching, wo wir in der hübschen Altstadt, die von einer guten Stadtmauer umgeben ist, sicherlich gut schlafen werden. Und übrigens, das Altmühltal haben wir in Berching bereits verlassen.

Der dritte Tag wird uns nach Nürnberg führen. Dabei starten wir am historischen Industriedenkmal, dem alten Ludwig-Donau-Main-Kanal, der uns über Mühlhausen nach Norden in die malerische Altstadt von Neumarkt führt. Nach Neumarkt geht es über Berg mit der Ruine des Birgittenklosters weiter über Schwarzenbach und weiter in den lichten Wäldern südlich von Nürnberg. Bei Feucht quert der Ludwigkanal die Schwarzachklamm, der Biergarten Brückkanal liegt perfekt für eine Pause. Über Röthenbach geht es nach Wendelstein. Jetzt ist es nicht mehr weit und wir radeln durch die Vorstädte nach Nürnberg hinein. Die Altstadt von Nürnberg liegt links und rechts der Pegnitz, des dritten der Flüsse, dem wir aber erst morgen so richtig folgen werden.

Die anstrengendste Etappe führt am nächsten Tag bis Amberg. Entschädigt werden wir mit der zauberhaften Pegnitz (siehe Tour 6), die uns im ersten Teil des Tages malerisch begleitet. So radeln wir an Röthenbach mit seinem historischen Flussbad vorbei nach Lauf, einem historischen Industriestädtchen. Weiter geht es durch Hersbruck mit seiner Fackelmann Therme. Bei Hohenstadt verlassen wir die Pegnitz. Jetzt geht es über Pommelsbrunn, Neukirchen aufwärts nach Sulzbach-Rosenberg und schließlich dann nach Amberg an der Vils. Die Altstadt punktet mit der Kirche St. Martin, dem gotischen Rathaus oder der Stadtbrille, die sich so schön in der Vils spiegelt.

Am letzten Tag erkunden wir nun zuerst das beschauliche Vilstal und radeln genüsslich über Schmidmühlen nach Süden in den romantischen Ort Kallmünz, wo sich Vils und Naab vereinigen. Das Künstlerstädtchen lädt zu einer längeren Pause ein, bevor es zum Abschluss mit der Naab weiter durch die Flussauen nach Süden geht. Bei Maria Ort hat uns die Donau wieder und von dort ist es nicht mehr weit zurück nach Regensburg.

Leicht — 293 km — 5 Tage

Hier geht's lang

Ausgangspunkt: Regensburg

Endpunkt: Regensburg

Tourencharakter: Die knapp 300 Kilometer lange Strecke führt überwiegend entlang der Ufer und somit sind wenige Steigungen zu bewältigen. Nur am 4. Tag nach Amberg sind es etwas mehr Höhenmeter.

Information: www. fuenf-fluesse-radweg.info

Die Aurach mäandert durch die Wiesen vor den Schlierseer Bergen.

Der Süden

11 ● Mittel | 43 km | 300 Hm | 4 Std.

Von Burghausen nach Tittmoning

Zwei Burgen und ein Fluss

Es gibt viel zu sehen auf dieser Rundtour: Zwei der schönsten Salzachstädte liegen auf dem Weg – Burghausen und Tittmoning. Beide bekrönt von einer Burg. Dazwischen ein altes Kloster und abwechslungsreiches Hügelland mit gleich zwei Badeseen.

✔ Darum einzigartig

Neben den beiden großartigen Städten punktet natürlich die wilde Flusslandschaft der Salzach, die eine natürliche Grenze zu Österreich bildet. Einzigartig ist aber auch die Aussicht über das landwirtschaftlich geprägte Hügelland des Rupertiwinkels auf die Berchtesgadener Berge, die besonders bei Föhn zum Greifen nah erscheinen.

Zum Kloster Raitenhaslach Wir starten am Stadtplatz von Burghausen und radeln an der Pfarrkirche St. Jakob vorbei hinunter zum Salzachufer. Zuerst auf der Straße, dann auf einem guten Uferweg erreichen wir nach etwa sechs Kilometern eine Abzweigung, die uns durch einen Hohlweg hinauf zur ehemaligen Prämonstratenserabtei Raitenhaslach führt. Nicht nur der Biergarten ist einen Besuch wert, sondern auch die barocke Klosterkirche mit ihren reichen Deckenfresken. Die fröhlichen Putten auf diesen Bildern entdeckt man am besten mit einem Fernglas. In die Klostergebäude, die aufwendig renoviert wurden, ist die Technische Universität München eingezogen. Weil die Räume für den Unterricht genutzt werden, können sie nicht besichtigt werden.

Durch das Hinterland im Rupertiwinkel Wir verlassen das Klostergelände auf der vom Biergarten her gesehen linken Straße und fahren den Berg etwas aufwärts. Bei der ersten Kreuzung rechts, am Sportplatz vorbei und dann aufwärts zur Bundesstraße B20. Etwas nach links versetzt nehmen wir die schmale Straße rechts, kommen durch Oberhadermark und treffen bei einem Wartehäuschen auf die Markierung des Salzhandelsweges, dem wir bis Tittmoning folgen werden.

Jetzt sind wir im Rupertiwinkel unterwegs. Das ist die Bezeichnung für das Gebiet östlich des Chiemgaus, das im Süden am Berchtesgadener Land endet und im Norden mit den Moränenhügeln und der Hochebene der Alzplatte abschließt. Der Name für diese Gebietsbezeichnung lässt sich auf den Hl. Ruppert zurückführen, den Schutzpatron und ersten Bischof von Salzburg. Kurz darauf erreichen wir entlang der Bahnlinie Altötting-Burghausen Pirach. Vor der Bahnschranke überqueren wir die Hauptstraße und fahren auf »unserer« Seite der Bahn noch knapp 300 Meter weiter. Dann geht es links über die Wiesen und Felder nach Irlhaid, wo wir links in die größere Straße einbiegen.

Der Wöhrsee unterhalb der Burghausener Burg ist ein beliebter Badesee.

Wir überqueren die Straße nach Trostberg und biegen am Ende von Gattern rechts Richtung Dorfen ab. Kurz vor Dorfen treffen wir auf eine Querstraße. Wir biegen links ein und erreichen Asten. Doch vorher passieren wir noch eine wichtige Stelle: die ehemalige Grenze zwischen Bayern und dem Fürstbistum Salzburg. Man kann sich nicht mehr vorstellen, dass hier einmal ein Schlagbaum stand und Beamte auf beiden Seiten streng darauf achteten, dass kein Unbefugter oder gar ein Schmuggler die Grenze passierten. In Asten sollten wir nicht vergessen, einen Blick in die Kirche zu werfen. Am Hochaltar steht eine wunderschöne Madonna aus dem späten 15. Jahrhundert.Am Ortsausgang von Asten halten wir uns links, fahren am Astener Moorsee (Bademöglichkeit) vorbei zum Weiler Laufing. Hier biegen wir rechts von der Straße ab, passieren eine Biogasanlage und folgen stets den Schildern des Salzhandelsweges. Er führt uns in großem Bogen um den Leitgeringer See (Bade- und gute Einkehrmöglichkeit) herum nach Diepling, einem großen Bauernhof auf der anderen Seite der großen Querstraße. Wir fahren geradeaus am Hof vorbei einen knappen Kilometer zur Straße nach Tittmoning. Dort beginnt ein Radweg, der uns durch ein Neubaugebiet führt.

Kurz nach der Allee, die von rechts auf unsere Straße trifft, biegen wir links in den Wald ein. Dem Weg folgend erreichen wir die Wallfahrtskirche Maria Brunn. Ihr aufwendiger Hochaltar birgt das Gnadenbild, eine barocke Muttergottes mit dem Jesuskind am Arm. Das Quellwasser, das auf der Rückseite der Kirche zutage tritt, soll für Augenleiden helfen. Kurz darauf stehen wir vor der Burg. Nach links geht es auf der Fahrstraße steil abwärts zur Altstadt von Tittmoning.

Tittmoning Tittmoning wirkt im Gegensatz zu Burghausen bescheidener. Kein Wunder, schließlich gehörte es den Salzburger Bischöfen, und die hatten dem Reichtum der bayerischen Herzöge nicht viel entgegenzusetzen. So thront eine Burg über dem Ort, aber diese sollte nicht prunken, sondern wirkungsvoll bayerische Ambitionen abwehren. Der romantische Burghof ist frei zugänglich, im Inneren finden wir das Museum Rupertiwinkel mit seiner einzigartigen Sammlung von Schützenscheiben. Der Stadtplatz mit seinem berühmten Storchenbrunnen erinnert ein klein wenig an Salzburg. Das Rathaus und die Schiffsmeisterhäuser zeigen deutlich, dass man sich etwas leisten konnte.

Start- und Endpunkt ist der lang gezogene Burghausener Stadtplatz, wo man sich im Anschluss noch einen Eiscafé gönnen kann.

Entlang der Salzach Der Rückweg ist sehr einfach. Er beginnt am Stadtplatz von Tittmoning. Wir fahren durch das Burghauser Tor und biegen rechts Richtung Salzach ab. Vor der Brücke geht es zuerst nach rechts, dann unter der Brücke durch auf den Weg neben dem Damm. Der Weg ist zuerst schlechter, aber noch gut mit Tourenrädern befahrbar. Dann kommt eine Stelle – sie ist zum Glück nicht sehr lang – an der man teilweise schieben muss. Hier ist der Boden durch die ständigen Hochwasser sehr sandig. Doch die Mühe lohnt sich, es geht durch einen wilden Auwald mit uralten Weiden und Erlen, die oft dick mit Moos bewachsen sind. Am Boden wächst Zinnkraut und Schachtelhalm, aber auch das unvermeidliche Springkraut, das sich in den vergangenen Jahrzehnten allenthalben ausgebreitet hat. Immer wieder öffnen sich Schneisen zum Fluss hin und geben den Blick auf die Salzach mit ihren Kiesbänken frei. Dass man diese im Sommer zu einer Rast oder für eine Wasser-Tret-Pause nutzen kann, ist naheliegend. Aber Vorsicht, die Strömung der Salzach ist durchaus respektabel! Knapp sechs Kilometer nach der Brücke – wir sind schon lange wieder auf einem gut zu fahrenden Weg – kommen wir wieder an die alte Grenze Bayern/Salzburg. Ein Schild weist uns ein Stück den Hang hinauf, dort steht noch der Grenzstein von 1721 und erzählt von den alten Machtverhältnissen. Wir radeln weiter und erreichen an Raitenhaslach vorbei wieder Burghausen mit seinem schönen Stadtplatz.

✔ Nicht versäumen:

Burghausen punktet natürlich mit seiner herzoglichen Burg, die sich mit ihren 1051 Metern Länge als längste Burg der Welt bezeichnet. Sie ist bis auf die Innenräume der Hauptburg frei zugänglich. Ein Spaziergang durch die Burghöfe und ein Besuch der herzoglichen Räume in der Hauptburg ist fast eine Pflicht für jeden Besucher Burghausens. Den weiten Stadtplatz unterhalb der Burg mit der gewaltigen Stadtpfarrkirche St. Jakob kann man am besten von einem der Straßencafés auf sich wirken lassen. Dann kann man sich in der Fußgängerzone »In den Grüben« in das Mittelalter versetzen, als dort Handwerker ihre Waren anboten. Sie ist heute ein »In-Viertel«, in dem neben Handwerkern auch versteckte Kneipen, Antiquariate, Galerien und Kunstgewerbegeschäfte zu finden sind.

Der Storchenbrunnen ist das Wahrzeichen der Stadt Tittmoning.

✔ Hier geht's lang

Ausgangs- und Endpunkt: Burghausen, Stadtplatz

Tourencharakter: Schöne Rundtour auf Nebenstraßen oder Radwegen, aber auch auf ungeteerten Wegen und Pfaden. Der Uferweg an der Salzach ist teilweise in schlechtem Zustand und eigentlich kein offizieller Radweg. Bei Hochwasser wird der Salzachdamm regelmäßig überspült, dann ist die Radtour nicht möglich.

Bahn: Burghausen, Hauptbahnhof

Auto: Autobahn A 94 bzw. Bundesstraße B 12 München–Passau Ausfahrt Markl/Burghausen in die Altstadt von Burghausen. Praktisch ist der schattige Parkplatz am Pulverturm (Parkplatz Finanzamt), der auch für einen Besuch der Stadt ideal gelegen ist.

Übernachtung: Einmalig und etwas ganz Besonderes ist die Jugendherberge in Burghausen, die sich in einem ehemaligen Kapuzinerkloster am Fuße des Burgareals befindet. Die Altstadt und das schöne Wöhrseebad liegen in Fußweite. Es gibt tolle Zwei-Bett- und Familienzimmer.

Einkehr: In Burghausen und unterwegs gibt es ausreichend gute Möglichkeiten einzukehren. Wir haben sehr gut im Braugasthof am Stadtplatz von Tittmoning gegessen. Sehr nett ist auch das Burghausener Altstadtcafé am nördlichen Ende der Altstadt. Von den Fenstern schöner Blick auf die Salzach.

Information: www.burghausen.de

12 Mittel | 57 km | 450 Hm | 4.30 Std.

Vom Chiemsee nach Seeon

Das Beste vom Chiemgau

Begeisterung beim Radeln, Genießen und Besichtigen: Diese Radtour führt überwiegend auf einsamen Wegen mit viel Aussicht durch die herrliche Natur- und Kulturlandschaft nördlich des Chiemsees. Wir erleben nicht nur Bayerns größten See, sondern auch eine abwechslungsreiche Landschaft mit vielen kleinen Seen, mit Mooren, Wäldern und Wiesen.

✓ Darum einzigartig

Nirgendwo sonst erlebt man den Chiemsee und den Chiemgau so unmittelbar und vielfältig wie vom Fahrrad aus. Die Radtour führt durch das größte Naturschutzgebiet des Chiemgaus zum kunsthistorisch bedeutenden Kloster Seeon. Nördlich des Chiemsees erfahren wir einiges über das Leben der Kelten und der Römer und entdecken Truchtlaching und Seebruck, bevor wir gemütlich auf dem Chiemsee-Uferradweg den schönsten Streckenabschnitt des Chiemseeufers erkunden.

Zur Schafwaschener Bucht Wir beginnen unsere Radtour am kleinen Bahnhof der Bockerlbahn in Prien Stock. Wir radeln in Richtung Freizeitbad Prienavera, den See zu unserer rechten Seite. Hier beginnt der Chiemsee-Uferradweg, der uns bis Gstadt führen wird. Gleich zu Beginn erhaschen wir einen wundervollen Blick hinüber zur Herreninsel, wo wir über eine künstliche Schneise das Königsschloss sehen. Das war von König Ludwig II. durchaus so gewollt. Man sollte sein Schloss von Weitem bewundern können. Näher durfte man allerdings nicht kommen, die Insel war zu seiner Zeit für jeden Besuch gesperrt. Wir passieren die Fischräucherei Winklfischer und kommen zur Fischüttn. Beides sind einfache Fischgaststätten mit Selbstbedienung, die aber unglaublich guten und absolut fangfrischen Fisch aus dem See bieten. Wir können sie uns für den Rückweg vormerken. Bei der Fischhüttn knickt der Weg links vom See ab. Dann radeln wir wieder parallel zum Seeufer auf einer Birkenallee über den verlandeten Seegrund. Auf einer hohen Brücke überqueren wir einen Seitenarm der Prien, danach geht es nach links zwischen den beiden Prienarmen zur nächsten Brücke, die uns über den Hauptarm der Prien bringt. Die Prien hat hier eine große Landzunge angeschwemmt, die im Sommer als Badeplatz sehr beliebt ist. So kommen wir nach Schafwaschen und erreichen am Gasthof Seehof eine Teerstraße.

Eggstätter Seenplatte Jetzt verlassen wir den Chiemsee und folgen der kleinen Straße für ca. 150 Meter nach links und biegen dann gleich rechts auf den ungeteerten Feldweg, der am Bahnwärterhäuschen vorbei parallel zu den Gleisen verläuft. Immer gerade-

Kloster Seeon liegt malerisch auf einer Halbinsel im gleichnamigen See.

aus queren wir ein Stück später eine Autostraße und müssen wieder mit Straßenverkehr rechnen, der sich jedoch zum Glück in Grenzen hält. Rechts von uns liegt im schattigen Wald der Langbürgner See, von dem jedoch von hier aus nicht viel zu sehen ist. Kurz vor Hemhof überqueren wir erneut eine Straße und durchqueren dann den Ort auf der Hauptstraße. Sie bringt uns nach Stephanskirchen und dort biegen wir dann am Waldrand rechts auf den Radweg der Via Julia ein. Jetzt geht es mitten durch die Eggstätter Seenplatte, wobei wir ab und zu einen Abstecher nach links oder rechts unternehmen können, denn nur so kommen wir näher an die Seen. Das mit rund 1000 Hektar größte Naturschutzgebiet im Chiemgau besteht aus 17 kleineren und größeren Seen, die nach der letzten Eiszeit entstanden sind. In die wenigsten Seen münden Bäche, Frischwasser fließt nur über Grundwasser zu. Dadurch ist ihr Ökosystem außerordentlich empfindlich und für weite Teile besteht ein absolutes Betretungsverbot. Es gilt zum Schutz und Erhalt der Natur, auf den ausgewiesenen Wegen zu bleiben. Das Baden ist ebenfalls nur an den ausgewiesenen Badestellen am Langbürgner See, am Hartsee und am Pelhamer See erlaubt.

Noch im Wald gabelt sich dann der Weg, wir verlassen die Via Julia nach links und erreichen in Richtung Norden das Badegelände am Hartsee bei Eggstätt. Hier lohnt sich eine Einkehr im beliebten Hartseestüberl.

Die Eggstätt-Hemhofer Seenplatte ist ein Naturparadies.

Zum Inselkloster Nach der Pause biegen wir vom See weg, passieren die Parkplätze und kommen so zur Ortsdurchgangsstraße von Eggstätt. Dieser folgen wir nach links; am Ortsende beginnt ein Radweg parallel zur Straße. Diesem folgen wir am Egelsee vorbei nach Meisham. Fast am Ortsende biegen wir rechts in die Niederhamer Straße ein und nun geht es im leichten Auf und Ab am Laubensee vorbei über Niederham und Eschneau nach Oberbrunn. Dort folgen wir rechts der Radwegbeschilderung nach Seeon, das wir kurze Zeit später direkt am großen Klosterparkplatz erreichen. Wir fahren auf die Halbinsel zum Kloster. Wenn viele Besucher unterwegs sind, müssen wir hier ein Stück schieben. Für die Klosterbesichtigung stellen wir die Räder sowieso ab. Danach geht es links der Klosterkirche weiter und wir schieben über den schmalen Holzsteg nach Bräuhausen zur kleinen Kirche St. Maria hinüber. Dahinter biegen wir rechts in den Mozart-Radweg ein und folgen ihm durch die Weinbergstraße in die Altenmarkter Straße. Am Kreisverkehr am Ortsende von Seeon halten wir uns dann rechts und folgen dem Radweg Richtung Truchtlaching.

Truchtlaching, Seebruck und seine Kelten Nach dem ersten Waldstück, genau an der Abzweigung der Fahrstraße nach Seebruck, verlassen wir den Radweg und biegen nach links in einen Feldweg, der auf der anderen Straßenseite beginnt. So erreichen wir einen keltischen Grabhügel aus der Hallstattzeit, also 750 bis 500 v. Chr. Der Hügel ist geöffnet; das Prunkgefäß, das man hier gefunden hat, ist heute im Römermuseum Bedaium im nahen Seebruck zu bestaunen. Wir werden nun bis Seebruck dem Keltenradweg folgen, der Weg heißt offiziell »Archäologischer Rundweg Bedaium« und ist mit einem kleinen Steinbocksymbol beschildert. Der Themenweg erzählt dabei viel vom Leben der Kelten und Römer, die hier vor über 2000 Jahren gelebt haben. So folgen wir der »Steinbock«-Beschilderung, und biegen nach dem Waldstück nach rechts. Bald treffen wir auf die Alz, der wir ein Stück nach Süden zum malerischen Ort Truchtlaching folgen. Vor der Brücke in der Ortsmitte lockt das wunderschön naturbelassene Freibad zu einer Abfrischung im Fluss, der Neuwirt gegenüber mit dem herrlichen Biergarten und traumhaft feinen Fischgerichten aus heimischen Gewässern ist auch nicht zu verachten.

Weiter geht es auf der Südseite der Alz. Wir nehmen die Westenstraße, die gegenüber der Kirche beginnt, und fahren auf ihr aus dem Dorf. An zwei Stadeln biegt links ein Weg ab, der leicht bergauf in einen Wald führt. Er verzweigt sich, wir halten uns links und stehen nach 200 Metern vor dem Tor der Keltenschanze. Dieses Tor sichert den Zugang zu einer 90 × 85 Meter großen ebenen Fläche, die eine Wallgrabenanlage rundum abgrenzt. Solche befestigten Anlagen gibt es viele, vor allem im süddeutschen Raum. Im 19. Jh. hielt man sie für römische Befestigungen, dann erkannte man ihren keltischen Ursprung. Zuerst meinte man, es sei eine Art Tempel gewesen, während man heute eher annimmt, dass es sich um befestigte Gutshöfe handelt, um die herum eine Siedlung lag. Vergleichbar mit einer Anlage, wie sie über 1000 Jahre später als Burg mit Dorf oder Stadt entstanden ist.

Ein herrlicher Abschnitt des Chiemsee-Radrundwegs liegt am Ende der Tour vor uns.

Wir fahren vom Eingang der Schanze aus weiter und kommen an den Rand des Truchtlachingers Neubaugebietes. Durch die Hochöder Straße geht es weiter nach Stöffling. Hier hat man einen keltischen Bauernhof mit seinen Nebengebäuden nachgebaut. Er vermittelt uns einen guten Eindruck, wie man damals wohl gelebt hat. Weiter geht es durch die Dorfmitte von Stöffling zur Alz und dann sind wir schon im Ortsteil Graben von Seebruck und erreichen am Abfluss der Alz den Chiemsee.

Das Bayerische Meer Nun biegen wir rechts auf die Straße ein und queren über die Brücke die Alz. Gleich nach der Brücke halten wir uns links, der Chiemseeradweg beginnt für uns in der Römerstraße. Lohnenswert ist aber auch der Abstecher ganz nach links zum Yachthafen und zum Seebrucker Strandbad, im Restaurant Hafenwirt kann man nämlich gut einkehren. Danach geht es auf der Römerstraße weiter und wir passieren das Museum Bedaium neben der Kirche. Die Straße bringt uns aus Seebruck und dann folgen wir nur noch dem Chiemsee-Radrundweg Richtung Osten. Mit herrlicher Sicht über das Bayerische Meer, wie der Chiemsee auch genannt wird, geht es nun eben und gemütlich mal mehr und mal weniger nah am Ufer entlang. Vorbei am Malerwinkel erreichen wir Gollenhausen und etwas später Gstadt, den kleinen Hafenort, von dem die Chiemsee-Schiffe zur Fraueninsel übersetzen. Nach Gstadt folgt unser Radweg den Buchten des Chiemsees, nur die Halbinsel von Sassau, die sich in Privatbesitz befindet, lassen wir dabei aus. Kurz danach endet vorerst der Radweg und wir biegen zweimal nach links, um die Schafwaschener Bucht zu umrunden. An ihrem Ende stoßen wir wieder auf den vertrauten Hinweg, dem wir nun in umgekehrter Richtung zunächst bis zur Prien hin folgen. Hier wenden wir uns kurz nach rechts, um dann auf der Weidachstraße die Prien zu überqueren. Wir durchqueren das kleine Westernach und kommen zu den ersten Häusern von Prien. Hier biegen wir links in die breite Osternacher Straße ein und folgen ihr durch Osternach nach Stock, unserem Ausgangspunkt

✔ Nicht versäumen:

Kloster Seeon wurde 994 vom Pfalzgrafen Aribo I. auf einer Insel im Seeoner See gegründet. In den gut 800 Jahren seines Bestehens war es immer ein bedeutendes Kulturzentrum, das die kirchliche und weltliche Entwicklung des heutigen Chiemgaus bestimmte. Heute bestaunen wir das Kloster mit seinen dicken Zwiebeltürmen, das inzwischen über einen aufgeschütteten Damm zugänglich ist. Seit 1989 gehört das Kloster dem Bezirk Oberbayern und dient wieder wie zu früheren Zeiten durch Konzerte, Ausstellungen und Seminare der Kulturförderung.

So abwechslungsreich kann Radeln im Chiemgau sein.

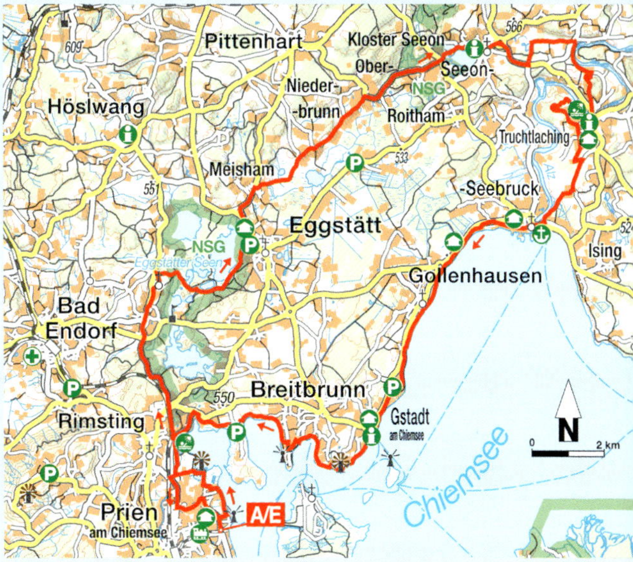

✔ Hier geht's lang

Ausgangs- und Endpunkt: Prien, Ortsteil Stock

Tourencharakter: Eine längere Radtour auf Radwegen und kleinen Nebenstraßen. Das Chiemgau ist leicht hügelig, dafür erfolgt die Rückfahrt vor allem auf dem ebenen Chiemsee-Radrundweg. Im Sommer Badesachen nicht vergessen.

Bahn: Prien liegt an der Zugstrecke München–Rosenheim–Salzburg. Kurze Anfahrt durch die Seestraße zum Hafen in Stock.

Auto: Von München auf der A 8 Richtung Salzburg, Ausfahrt Prien/Bernau. In Stock gibt es gebührenpflichtige Parkplätze.

Übernachtung: Besonders gut hat uns das Hotel Malerwinkel zwischen Seebruck und Gollenhausen direkt am Seeufer gefallen. In Seeon haben wir gute Erfahrungen mit dem Neuwirt in der Altenmarkter Straße gemacht.

Einkehr: Unterwegs treffen wir auf jede Menge Biergärten, Strandcafés und Restaurants.

Information: www.prien.de

13 ● Schwer | 47 km | 650 Hm | 4.30 Std.

Vom Schliersee ins Leitzachtal

Ein Hauch von Abenteuer

Vom Schliersee radeln wir auf etwas abenteuerlichen Wegen hinüber in das sonnige Leitzachtal am Fuße des Wendelsteins. Wir freuen uns über die einsame und ruhige Strecke, die uns stets mit Bergblick durch herrliche Landschaft führt. Kunst und Kultur sowie Badefreuden sind inkludiert!

✔ Darum einzigartig

Für Glücksmomente sorgt alleine schon der wunderschöne, von Bergen umgebene Schliersee. Die Radtour führt über einsame Wege hinüber ins Leitzachtal. Viele schöne naturnahe Plätzchen am Fluss laden zum Verweilen ein, bevor es hinaufgeht zur Wallfahrtskirche Birkenstein, einem Andachtsort, an dem Glaube und Tradition heute noch lebendig sind. Mit Bayrischzell besuchen wir den verborgensten Winkel im Bayerischen Oberland, bevor wir zum Sundowner an das Seeufer zurückkehren.

Um den Rohnberg Unsere Radtour beginnt am Bahnhof von Schliersee. Wir fahren auf der Werner-Bochmann-Straße zur B307, der Hauptstraße von Schliersee, und überqueren sie. Auf der anderen Straßenseite treffen wir schon auf die Karl-Haider-Straße, die gleich einen Linksbogen macht. Der Wegweiser »Attenberg Wörnsmühl« bestätigt uns, dass wir den richtigen Weg gefunden haben. Wir radeln lange an Einfamilienhäusern vorbei, dann schwenkt der Weg nach rechts. Jetzt geht es aufwärts und wir passieren die Weiler Schweinsthal und Attenberg. Am Ende von Attenberg gabelt sich die Straße, wir biegen rechts ab. Der Teer endet und wir fahren auf einer Forststraße weiter in den Wald hinein. Langsam geht es bergauf, aber nach einer Abzweigung, bei der wir uns rechts halten, und einer nächsten, bei der es nach links geht, rollen wir schon wieder bergab. Wir kommen an den Rohnbach, dem wir bis zur Leitzach folgen werden. Auf diesem Streckenabschnitt fließen unglaublich viele kleine Seitenbäche vom Rhonberg herunter und füllen damit den Rohnbach. Nach Regen kann es dadurch zu Überflutungen kommen. Die Seitenbäche werden wir nun alle überqueren. Manchmal liegt dazu ein Rohr unter dem Weg, das nächste Mal fließt der Bach direkt darüber. Jetzt hilft nur eines: Schuhe und Strümpfe ausziehen und durchwaten oder mit etwas Schwung durchradeln. Möglich ist beides, aber Letzteres macht natürlich viel mehr Spaß. Schließlich treffen wir auf eine breitere Forststraße und biegen nach rechts ein. Wir fahren an einer Lichtung entlang und verlassen sie nach links. Kurz darauf passieren wir ein verlassenes Haus. Es war das Verwaltungshaus einer großen Kalkbrennerei, die allerdings schon lange geschlossen ist.

Pfarrkirche St. Martin in Fischbachau

Unserer Straße folgend erreichen wir die Leitzach und Wörnsmühl. An der Dorfstraße steht der Gasthof Nägele, der sich ideal für eine Mittagspause eignet.

Durch das Drachental Wir überqueren die Leitzach und biegen unmittelbar darauf rechts ein. Damit sind wir im Drachenthal. Der Name klingt nach Abenteuer, aber die Herkunft des Namens konnte uns niemand erklären. Wir radeln an ein paar einzeln stehenden Häusern und an einem kleinen Elektrizitätswerk vorbei und überqueren dann die Leitzach. Nach der Brücke geht es immer dicht am Fluss entlang weiter. Zwei Abzweigungen zu einer Brücke ignorieren wir, wir folgen der Radwegbeschilderung zunächst Richtung Fischbachau. Dafür entfernt sich unser Weg bald etwas vom Fluss und steigt nach einer weiten Rechtskurve leicht an. Wieder ignorieren wir zwei Abzweigungen nach links und erreichen schließlich den Weiler Untergschwend. Bei der Straßenverzweigung am Ortsausgang fahren wir links und radeln über Wiesen und durch den Wald zur nächsten T-Kreuzung, um dort links abzubiegen. Über Faistenau treffen wir bei einem Sportplatz wieder auf die Leitzach und haben damit den Ortsrand von Fischbachau erreicht.

Fischbachau und Birkenstein Jetzt müssen wir uns entscheiden: Wer schon genug hat, bleibt auf der östlichen Leitzachseite und radelt über den Weiler Trach und Stauden nach Hammer. Um dann von dort die Rückfahrt an den Tegernsee anzutreten. Alle anderen queren die Leitzach und nun geht es aufwärts durch den Ortsteil Point zur Ortsmitte von Fischbachau, die sich rund um das ehemalige Kloster gruppiert. Eine kurze Verschnaufpause lohnt sich, denn etwas links gegenüber der Kirche setzen wir unsere Auffahrt in der Birkensteinstraße fort. Wer ein E-Bike hat, ist klar im Vorteil. Immer weiter bergauf, den Kurven der Straße folgend, erreichen wir die Abzweigung zur Wallfahrtskirche Birkenstein. Mit einem Abstecher nach links durch den Kapellenweg ist diese schnell erreicht. Eine Besichtigung des Gotteshauses ist sehr zu empfehlen. Über zwei Geschosse ist der kleine Bau nach dem Vorbild der Casa Santa von Loreto angelegt. Im oberen Stock befindet sich das Gnadenbild, der Raum ist ganz im Stil des Rokokos ausgestattet. Wie in einem Theaterstück umflattern nicht weniger als 92 Engel und Putten das Gnadenbild Marias mit dem Jesuskind. An den Wänden hängen unzählige Votivbilder aus allen Epochen der langen Wallfahrtsgeschichte. Alle erzählen sie von der wundersamen Gebetserhörung durch die Muttergottes von Birkenstein.

Fischbachau im Leitzachtal, mit den Schlierseer Bergen

Am Fuße des Wendelsteins Nach der Besichtigungspause geht es zurück zur Birkenstraße und weiter bergauf. Die Häuser enden und nun folgen wir dem Schild »Geitau-Bayrischzell« in den Wald. Nach einem letzten Stück bergauf erreichen wir eine Almwiese. Nach den ersten hundert Metern gabelt sich der Feldweg. Wir wählen den mittleren Weg und fahren vorsichtig steil bergab. Der rechte Weg führt ebenfalls bergab, durch mehrere Kurven – etwas Orientierungssinn ist notwendig – ist er weniger steil. Im Tal nähern wir uns den Gleisen der Bayerischen Oberlandbahn. Ehe wir sie erreichen, biegen wir links ein und radeln parallel dazu. Wir durchqueren den Weiler »Dorf« und halten uns vor der Bahnüberquerung erneut links auf dem schmäleren Weg unter der Wendelstein-Seilbahn hindurch. Am Bahnhof von Osterhofen können wir unsere Beine in der Kneippanlage erfrischen. Dann queren wir die Bahn und kurz darauf auch die die B307. Über die Felder treffen wir auf die Leitzach. Ihr folgen wir nun nach links, Richtung Osten und erreichen langsam, ein paarmal die Uferseiten wechselnd, an den Tennisplätzen und dem Wohnmobilparkplatz »Seeberg« den Ortsrand von Bayerischzell. Nach der Ortsbesichtigung werden wir hierher zurückkehren. Die Dorfmitte erreichen wir, wenn wir noch einmal die B307 in die Seebergstraße queren.

✓ Tipp:

Im Sommer gibt es am Westufer des Schliersees einige Stellen, an denen man eine Badedecke ausbreiten kann, um anschließend in das Wasser zu springen. Das macht man jedoch auf eigene Verantwortung, eine Badeaufsicht sucht man vergebens.

Bayrischzell Bayrischzell ist ein locker bebautes Dorf, das sich ideal für eine Pause eignet. Der Gasthof Alpenrose lädt zu einem Mittagessen ein, das Café Huber für eine Pause am Nachmittag. Dabei sollte man die Pfarrkirche St. Margareth mit ihrem Spitzturm nicht vergessen, ihr Hochaltar ist eines der schönsten Werke des bäuerlichen Rokokos in Südbayern. Überdies kann man von Bayrischzell aus in wenigen Minuten mit einer Seilbahn auf den Wendelstein fahren.

Entlang der jungen Leitzach Für die Rückfahrt starten wir vom Parkplatz Seeberg und radeln für die ersten Minuten auf der gleichen Strecke zurück, die wir gekommen sind. Wieder begleiten wir die Leitzach, die hier übrigens noch ganz jung ist.

Radfahrer bewundern die Blumenpracht an einem Bauernhof in Fischhausen am Schliersee.

Der Fluss beginnt eigentlich erst ein Stück nach Bayrischzell; seine Quelle liegt etwas rechts von uns in den Wiesen unweit des Gasthauses Kaminstubn. Zuvor heißt er nämlich eigentlich Aubach. Die Abzweigung hinüber nach Osterhofen ignorieren wir diesmal. Wir bleiben auf der linken Seite des Flusses und stoßen auf eine Teerstraße, in die wir links einbiegen. Kurz darauf radeln wir nach den Bauernhöfen rechts (Schild »Geitau«). Über grüne Wiesen kommen wir durch den malerischen Ort Geitau und folgen der Radwegbeschilderung über die B307 wieder zu den Gleisen der Bahn. Diesmal halten wir uns links, stets neben den Eisenbahnschienen, und erreichen nach der Ausflugsgaststätte Krugalm Stauden, wo wir auf die Vorfahrtstraße treffen.

Durch Josefsthal und Neuhaus Hier biegen wir nach links und erreichen auf einem Radweg nach einem knappen Kilometer Aurach, das an der stark befahrenen B307 liegt. Wir überqueren sie vorsichtig und wählen den Weg, der vor dem Gasthof Mairhofer schräg über die Wiesen führt. Am Waldrand entlang kommen wir zur Spitzingstraße. Wir überqueren sie und fahren dann zuerst am Ortsrand von Josefsthal entlang. Schließlich kommen wir zwischen den Häusern durch zur Josefsthaler Straße, auf der wir nach rechts wieder die B307 erreichen. Sie heißt an dieser Stelle Neuhauser Straße. Wir fahren kurz nach links und biegen noch vor den Gleisen nochmals links in die Wendelsteinstraße ab, die am Bahnhof vorbeiführt.

Der spiegelglatte Schliersee wird im Sommer für einen Bergsee erstaunlich warm.

Nach den Bahnhofsbauten fahren wir unter den Gleisen durch und dann nach links vor zum Schliersee. Jetzt kann man sich nicht mehr verfahren. Das Seeufer und die Bahn geben die Richtung vor. Nun dürfen wir uns aber Zeit lassen. Viele Stellen eignen sich für ein Bad im See, aber auch die wunderbar gelegene Rixner Alm verführt zu einer Pause. Alles bestens, denn wir haben es nun nicht mehr weit bis zum Ausgangspunkt. Schließlich erreichen wir die ersten Häuser im Ort Schliersee. Unsere Straße, die hier Westerbergstraße heißt, wendet sich etwas vom See ab und trifft auf den Tegernseer Weg. Wir biegen rechts ab, überqueren die Bahn auf einer Brücke und schieben dann am besten den steilen Weg links abwärts. Er wendet sich unten scharf nach rechts. Jetzt fahren wir um das Eisstadion durch ein kleines Feuchtgebiet zur Brücke über die Schlierach. Achtung! Fußgänger haben hier Vorrang. Wir überqueren den Fluss, fahren geradeaus zum Kurpark und umrunden ihn im Uhrzeigersinn. Nach dem Tennisplatz biegen wir links ab und sind so zurück am Bahnhof.

✔ Nicht versäumen:

Wer noch etwas Zeit hat, sollte in Neuhaus am Schliersee unbedingt das Markus Wasmeier Freilichtmuseum besuchen. Der ehemalige Olympiasieger im Riesenslalom baute hier ein altbayerisches Dorf neu auf. Alle Gebäude stammen aus umgesetzten historischen Bauernhöfen der Umgebung. Vor allem an Wochenenden zeigen dort Handwerker ihre Kunst. Über das ganze Jahr verteilt gibt es jede Menge Besonderheiten wie Musik, Theater, Bierbrautage oder Museumsführungen.

In Bayrischzell haben wir die Höhenmeter wirklich geschafft.

✔ Hier geht's lang

Ausgangs- und Endpunkt: Bahnhof Schliersee

Tourencharakter: Eine Rundtour mit Bergcharakter, die mit einigen Höhenmetern auf kleine Straßen, Radwege und ungeteerte Forststraßen führt. An einigen Stellen quert man Bäche ohne Brücken. Nach starken Regenfällen ist die Tour nicht zu empfehlen. Lässt sich um 18 Kilometer und eine saftige Steigung abkürzen, wenn man die Runde über Bayrischzell auslässt. Im Sommer Badesachen nicht vergessen.

Bahn: Von München mit der Oberlandbahn BOB nach Schliersee

Auto: Autobahn A 8 Ausfahrt Weyarn über Miesbach nach Schliersee. Parkplätze am Bahnhof.

Übernachtung: Das Hotel Terofal liegt mitten im Ort Schliersee und blickt auf eine lange Geschichte zurück. Ein sehr guter Gasthof ist angeschlossen (www.hotelterofal.de).

Einkehr: Gasthaus Nägele in Wörnsmühl (Mittwoch und Donnerstag Ruhetag). Das reizende und völlig ruhig gelegene Café Lunchery findet sich hinter der Slyrs Destillerie in der Bayerischzeller Straße in Neuhaus, dort genießt man seine Speisen mit Blick auf den Wendelstein. Eine Besonderheit ist das Gasthaus Zum Wofen im Freilichtmuseum Markus Wasmeier mit seiner gemütlichen Atmosphäre (10–17 Uhr geöffnet, Montag Ruhetag).

Information: www.schliersee.de

14 Mittel | 48 km | 350 Hm | 4 Std.

Von Benediktbeuern durch das Moor

Durch das Klosterland

Bei der Tour dominiert das Kochelseemoor, das sich vom Kochelsee nach Benediktbeuern und darüber hinaus erstreckt. Kaum vorstellbar, dass es einst so unwirtlich war, dass sich kaum einer in den Sumpf wagte. Umso mehr bezaubert heute die Natur zwischen den Bergen, dem Moos und der Loisach.

✔ Darum einzigartig

Diese Rundtour ist perfekt für eine Auszeit zwischen herrlichen Naturerlebnissen in den weiten eiszeitlichen Moorlandschaften und kunsthistorischen Sehenswürdigkeiten, wie den Klöstern Benediktbeuern und Schlehdorf, Museen oder dem netten Ort Bad Heilbrunn. Das Ganze wird getoppt von ein paar tollen Badegelegenheiten und bayerischer Wirtshauskultur.

Durch das Moor nach Kochel Vom Bahnhof Benediktbeuern radeln wir Richtung Kloster und biegen an der Straße rechts über die Gleise. Hier treffen wir die Autofahrer, die vom Parkplatz her zur Bahn zurückgefahren sind. Wir folgen dem Weg parallel zu den Gleisen, passieren das Kloster und überqueren die Fraunhoferstraße in den Spatzenpointweg. An der Bahnunterführung biegen wir nach rechts und halten uns an der ersten Weggabelung rechts und gleich darauf links, dem Schild »Rundweg 1« nach. Jetzt können wir uns nicht mehr verfahren und bleiben auf dem Hauptweg. Bald überqueren wir an einer kleinen Brücke den Lainbach und radeln sofort nach links. So erreichen wir den großen Hof Brunnenbach. Hier müssen wir uns entscheiden. Der Radweg nach Kochel verläuft nicht direkt an der Loisach, er führt über den Weiler Pessenbach erneut an die Gleise der Bahn und folgt diesen dann nach Kochel. Der schönere Weg ist eigentlich nur für Fußgänger freigegeben. Dafür halten wir uns in Brunnenbach rechts, bis wir direkt an das Loisachufer treffen. Von hier verläuft ein kleinerer, schmaler Weg traumhaft nah am Ufer. Links davon wachsen im Moor wunderschöne Blumen und die Farbe der Loisach schillert in allen erdenklichen Grüntönen. Unbedingt auf Wanderer achten, sie haben absoluten Vorrang, denn offiziell müss(t)en wir schieben. Auf diesem Weg erreichen wir Kochel an der Stelle, an der die Loisach aus dem Kochelsee fließt. Wer den offiziellen Radweg gewählt hat, radelt nach der Ortsbesichtigung von Kochel auf der Schlehdorfer Straße aus dem Ort und trifft ebenfalls auf die Brücke, an der auch der »Wanderweg« endet.

Zum alten Schlehdorfer Kruzifix Genau hier beginnt unser Radweg nach Schlehdorf. Rechts und links von uns liegen die weiten Moorflächen des Kochler und Benediktbeurer Moores. Bald sehen wir die beiden Schlehdorfer Klostertürme und erreichen die nächste

In Kochel verlässt die Loisach den Kochelsee.

Loisachbrücke, an der wir später weiterradeln. Eine Besichtigung von Schlehdorf und der Klosterkirche oder eine Pause am schönen Seeufer bietet sich an. Besonders beachtenswert ist die Friedhofkapelle. In ihr hängt ein frühromanisches Kreuz, von dem die Kunsthistoriker annehmen, dass es um 1000 n. Chr. entstanden ist. Auffällig ist, dass die Seestraße in Schlehdorf aus fast baugleichen Häusern besteht. Das geht auf die Brandkatastrophe von 1846 zurück, bei der praktisch das gesamte Dorf abgebrannt ist. Für den Wiederaufbau hat damals die Regierung von Oberbayern diese Form zwingend vorgeschrieben.

Zum Eichsee Zurück an der Loisachbrücke nehmen wir den Weg östlich des Flusses, also nicht die Schlehdorfer Seite! Ohne Steigung rollen wir neben dem Fluss dahin. Kurz nach der Brücke zum Schlehdorfer Ortsteil Unterau halten wir uns schräg rechts und folgen dem geteerten Sträßchen. Die vielen verstreuten Heuschober waren früher sehr wichtig. Im Sommer, wenn die Bauern die Wiesen mähten, war der Boden so nass, dass

Still und einsam präsentiert sich der Eichsee am Morgen.

zum Abtransport des Heues die schmalen Wagenräder eingesunken wären. So lagerte man das Heu in den Hütten, bis der gefrorene Boden im Winter den Transport erlaubte. Zusammen mit der nahen Bergkette des Herzogstandes und Heimgartens und den blühenden Feuchtwiesen ergeben sie ein exquisites Fotomotiv. Kurz vor dem Weiher teilt sich der Weg, wir bleiben rechts zum Eichsee. Sein dunkles Moorwasser erwärmt sich sehr schnell. Im Sommer wird für die Badenden eine Liegefläche gemäht. Der See ist ein ultimativer Geheimtipp. Wer seine Badesachen dabeihat, sollte wirklich einmal hineinspringen.

Über den Triftkanal Nach dem Baden geht es in Fahrtrichtung am Eichsee vorbei, an der nächsten Weggabelung radeln wir links. Kurz darauf können wir auf einer kleinen Brücke den Triftkanal queren. Unmittelbar danach halten wir uns geradeaus über die Felder nach Zell. Dort wenden wir uns nach rechts und teilen uns die Straße ein Stück mit den Autos. Nach wenigen Hundert Metern biegt diese links unter der Autobahn hindurch, wir halten uns rechts und genießen wieder einen verkehrsfreien Radweg, der uns nach Sindelsdorf führt.

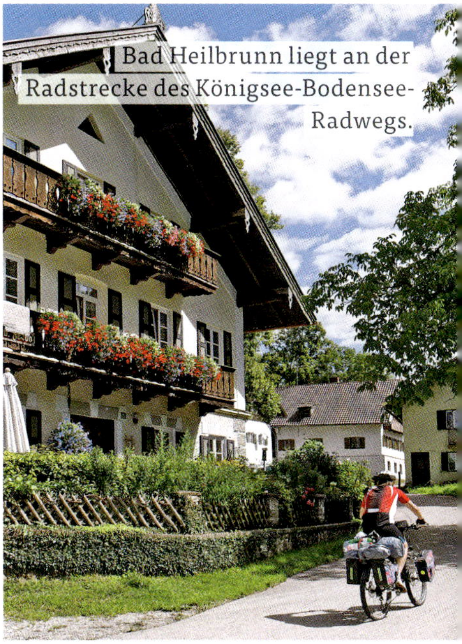
Bad Heilbrunn liegt an der Radstrecke des Königsee-Bodensee-Radwegs.

Sindelsdorf Der kleine Ort ist bekannt für seine einstige Künstlerkolonie. Ähnlich wie Murnau war es ein Zentrum der Künstlervereinigung »Der Blaue Reiter«. Von 1909 bis 1914 lebten hier Franz Marc, Jean-Bloé Niestlé und Heinrich Campendonk. Für den Letzteren wurde in Penzberg eigens ein Museum erbaut und das Franz Marc Museum in Kochel ist mittlerweile weltweit bekannt. Den Künstlern zu Ehren gibt es einen kleinen interessanten Rundgang im Ort. In Sindelsdorf radeln wir auf der Hauptstraße an der Kirche vorbei Richtung Norden, wobei wir uns an der Wegegabelung links in die Franz-Marc-Straße halten. Wir queren die Bundesstraße und sind schon wieder über Feldern unterwegs. Nach dem Bauernhof wendet sich die Straße nach rechts und wir erreichen aufwärts über Riedern eine größere Straße, die nach Penzberg führt. Diese queren wir geradeaus und radeln am Riederer Weiher vorbei und im Zickzack durch den langgezogenen Weiler Unterrieden. Leicht aufwärts erreichen wir bald St. Johannisrain mit seiner romantischen kleinen Kirche, die idyllisch völlig allein auf einem Feld vor der prächtigen Alpenkulisse steht. Ein guter Aussichtspunkt, um sich der Weite und der Größe des Kochler Moores bewusst zu werden.

Entlang der Loisach Weiter in Fahrtrichtung treffen wir hinter Edenhof und nach der Bahnüberquerung auf einen Radweg parallel zur Autostraße. Ihm folgen wir ein Stück nach rechts, biegen dann jedoch bei Schönmühl links durch die Unterführung auf die andere Seite der Straße. Am großen Umspannwerk biegen wir links abwärts in die kleine geteerte Straße Richtung Maxkron ein. Nach dem Klärwerk verlassen wir die Straße nach rechts auf den Loisachdamm und sind so völlig verkehrsberuhigt bald in Maxkron. Hier überqueren wir über den schmalen Fußgängersteg die Loisach. Gleich nach der Brücke radeln wir erneut rechts auf dem Wiesenpfad weiter.

Durch Heilbrunner Ortsteile Der Pfad mündet im Ortsteil Hohenbirken in eine Teerstraße, auf der wir nach rechts weiterradeln. Jetzt geht es flott dahin und nach einem Waldstück sind wir schon in Mürnsee. Die Straße endet am Gasthaus Reindlschmiede, einer guten Adresse, um einzukehren. Für die Weiterfahrt queren wir die B 11 etwas nach rechts versetzt. Dabei queren wir auch den Reindlbach. Dann führt uns der Feldweg (Schild »Bad Heilbrunn«) geradeaus und ohne störenden Verkehr wieder über Felder. Die Wegstrecke ist durch den neben uns plätschernden Reindlbach doppelt so schön. Wer noch einmal baden möchte, kann nach rechts durch eine Furt (es gibt auch eine kleine Brücke) einen Abstecher

Im Benediktbeurer Moor blühen im Frühsommer die Wiesen besonders schön.

zum idyllischen Schönauer Weiher mit seinem Moorwasser starten. Ansonsten lockt die nächste Verpflegungsstation, das Gasthaus RamsAu. Von dort ist es nicht mehr weit bis Bad Heilbrunn. Nach dem Gasthaus folgen wir dem Rechtsknick der Straße. An der nächsten Möglichkeit (Schild »Obermühl«) biegen wir erneut rechts über einen Bach und radeln jetzt leicht bergauf an einer Kapelle vorbei und erreichen Bad Heilbrunn im Ramsauer Weg. Diesem folgen wir und biegen dann an seinem Ende mit einem Links-rechts-Schwenk in die Badstraße. Wer möchte, kann links den großen Kräuterpark besuchen. Bad Heilbrunn ist ein Kurort mit langer Geschichte. Die Trinkkuren der Adelheit-Quelle gibt es nicht mehr, stattdessen einen herrlichen Kräuterpark, sicherlich der schönste im ganzen Tölzer Land. Weiter geht es rechts auf der Hauptstraße vorbei am Rathaus und der Kirche St. Kilian (sehr sehenswert mit barocken Motiven zum Thema Wasser und herrlich zartem Wessobrunner Stuck) durch den Ort.

Königsee-Bodensee-Radweg Wir sind jetzt auf dem Königsee-Bodensee-Radweg unterwegs. Am Seniorenheim Alpenhof beginnt der Radweg, dem wir nach rechts folgen. Wir überqueren gleich die Autostraße und kommen über Baumberg abwärts zur B 11. Der Radweg läuft auf der gegenüberliegenden Straßenseite nach links weiter. Über Untersteinbach und durch eine Unterführung erreichen wir Obersteinbach. Nach der Ortsdurchfahrt geht es über eine Steinbrücke. Vor uns liegen die Bichler Flur und die Berge des Loisachtals. An der Weggabelung halten wir uns zunächst geradeaus in die Ludmühlstraße, biegen dann aber an den ersten Häusern von Bichl links ab. Über Felder und an der Schule vorbei sind wir zurück in Benediktbeuern. In die Hauptstraße biegen wir für wenige Meter links ein und gleich an der Ampel rechts zum alten Kloster. Das barocke Juwel mit seinen zwei Zwiebeltürmen und damit das Ende unserer Tour ist nun wieder erreicht. Jetzt bleibt hoffentlich noch Zeit für eine Klosterbesichtigung.

✔ Nicht versäumen:

Kunsthistorisch ist das Kloster Benediktbeuern ein wahres Kleinod. Bereits der barocke Klosterinnenhof mit seinen Arkadengängen lockt zu einem Rundgang. Die prächtige Klosterkirche wurde von Zucalli erbaut und ist mit Stuck und Fresken von H.G. Asam verziert. Sehenswert ist vor allem die Anastasiakapelle im feinsten Rokoko. Wer Zeit hat, sollte sich bei einer Klosterführung den Alten und Neuen Festsaal sowie die Bibliothek ansehen. Heute steht das Kloster unter der Führung der Salesianer von Don Bosco und ist der anschauliche Beweis für ein aktives Klosterleben.

Sundowner am Kochelsee

✔ Hier geht's lang

Ausgangs- und Endpunkt: Benediktbeuern, Bahnhof

Tourencharakter: Meist auf Rad- oder Wanderwegen und einigen Nebenstraßen verläuft diese leicht hügelige Tour. Nach Regen können die Wege im Moor sehr nass sein. Es gibt Bademöglichkeiten im Kochelsee, Eichsee oder im Schönauer Weiher.

Bahn: Mit der Bahn nach Benediktbeuern

Auto: Auf der A 95, Ausfahrt Sindelsdorf, weiter Richtung Bad Tölz, dann rechts der Beschilderung nach Benediktbeuern folgen. Großer Parkplatz am Kloster

Übernachtung: Eine besondere Übernachtung bietet das Hotel Zum Zauberkabinett in Bad Heilbrunn. Illusionen und optische Täuschungen bringen den Gast im ganzen Haus zum Staunen.

Einkehr: Unterwegs mehrere Möglichkeiten. Sehr gut isst man im Klosterbräu in Schlehdorf, im Landgasthaus Reindlschmiede oder im Gasthaus RamsAu bei Bad Heilbrunn.

Information: www.benediktbeuern.de

15 ● Mittel | 35 km | 200 Hm | 3.15 Std.

Von Weilheim nach Wessobrunn

Mitten im Pfaffenwinkel

Im Herzen des Pfaffenwinkels verläuft die Radtour über das Naturdenkmal Eibenwald zum kulturell und historisch bedeutenden Kloster Wessobrunn mit seinen geheimnisvollen Quellen. Kombiniert mit einem Biergartenbesuch und zum Abschluss einem Bummel durch die Stadt Weilheim einfach perfekt.

✔ Darum einzigartig

Es ist die Kombination von wildherber Natur mit Kunst- und Kulturerlebnis, die diese Radrunde im Herzen des Pfaffenwinkel so einmalig macht. Im Naturschutzgebiet des Eibenwaldes, auf den feuchten Wiesen im Ammermoor, bei uralten Solitär-Bäumen oder mit tief fliegenden Störchen ist für Naturliebhaber einiges geboten. Das Kloster Wessobrunn mit seiner Kunst ist als Kontrastprogramm perfekt und zeigt deutlich, neben zahlreichen Kapellen und Kirchen entlang der Strecke, warum der Pfaffenwinkel seinen Namen verdient hat.

Entlang der Ammer zum Eibenwald Von der Weilheimer Hochlandhalle fahren wir zur nahe gelegenen Ammerbrücke. Wir queren sie nicht, sondern radeln nach rechts an ihrem Ufer entlang flussaufwärts. Nach wenigen Pedalumdrehungen haben wir Weilheim verlassen, die Ammer begleitet uns bis zur Bahnlinie, der wir nach rechts folgen. Alle weiteren Abzweigungen ignorierend, halten wir uns nun immer geradeaus, anfangs bergauf, bis wir nach insgesamt 5 Kilometern den kleinen Weiler Kugelsbühl erreichen. Hier biegen wir rechts ab und gleiten gemächlich durch den abwechslungsreichen Oderdinger Wald. Wenn wir den Wald verlassen, haben wir freie Sicht auf den Hohenpeißenberg mit seiner Wallfahrtskirche und den Sendemasten. Weiter abwärts führt uns vor dem in der Talsohle liegenden Segelflugplatz das Radwegschild nach rechts. Jetzt radeln wir zwischen feuchten Wiesen und freuen uns über die Artenvielfalt im Sommer. Hoch steht das Mädesüß, die lilafarbigen Kerzen des Blutweiderichs setzen bunte Akzente. Über den kleinen moorigen Rottgraben geht es am Pferdehof Moosmühle nach rechts und kurze Zeit später erreichen wir nach einer Kurve rechts die Abzweigung in das Naturschutzgebiet Eibenwald bei Paterzell. Um die geheimnisvollen Bäume zu finden, steigen wir am Waldrand vom Rad und begeben uns nach links auf den Themenlehrpfad Eibenwald. So erreichen wir einige der schönsten Exemplare dieser seltenen Bäume. Der Weg windet sich dabei malerisch über kleine Bachläufe durch den Wald. Viele Infotafeln erzählen Wissenswertes über die Eibe, über ihre Biologie und über die vielen Geschichten und Legenden, die sich um den Baum ranken. Wenn wir uns auf dem Lehrpfad schließlich etwas rechts halten, mündet der Pfad wieder auf der Forst-

Unter den großen Linden am Kloster Wessobrunn steht ein in Stein gemeißeltes Replikat des alten Wessobunner Gebets.

Weilheim ist ein hübsches Städtchen mit einer wunderbaren Altstadt.

straße, der wir weiter nach links folgen. So verlassen wir den Wald, passieren den Zellsee mit seinen vielen Seerosen und erreichen mit einem kurzen knackigen Anstieg den gleichnamigen Weiler mit seiner hübschen Kapelle. Wir folgen der Straße nach rechts und unterqueren dann die Bundesstraße durch die Unterführung.

Schweißtreibend bergauf Hier folgen wir links den Radwegschildern nach Wessobrunn. Nun steht der Härtetest bevor. Die Straße steigt für drei Kilometer bergan, zum Glück nicht zu steil, dafür aber stetig. Wer ein E-Bike hat, freut sich über die Unterstützung. Aber auch ohne Hilfe lohnt sich die Mühe. Während der Verschnaufpausen dürfen wir uns umdrehen und die Aussicht über das weite Ammertal genießen. Ein Vorgeschmack auf das, was uns am Kloster, dem höchsten Punkt der Tour, erwartet. Dazu fahren wir in weitem Bogen auf Wessobrunn zu und durchqueren den Ort auf der Hauptstraße. Fast am Ende des Ortes, beim Gasthof zur Post, wendet sich die Hauptstraße nach links. Wir besichtigen noch die drei mächtigen Linden, unter denen das Wessobrunner Gebet in Stein gemeißelt steht. Dann biegen wir gegenüber in den Klosterhof ein.

Wessobrunn und seine Sehenswürdigkeiten Zur Besichtigung stellen wir die Räder ab und begeben uns auf geschichtsträchtigen Boden. Das Kloster wurde der Legende nach vom letzten Agilolfinger Herzog Tassilo III. 753 gegründet. Der Herzog soll während einer Jagd im nahe liegenden Wald eine Nacht verbracht haben. Dabei träumte er auf wundersame Weise von sprudelnden Quellen, die von Heiligen umringt waren. Natürlich ließ er am nächsten Tag danach suchen und wurde fündig. Er verstand dies alles als göttliche Fügung und gelobte ein Kloster bei den Quellen zu errichten. So wurde das Kloster im 8. Jh. errichtet, wobei von den ursprünglichen Bauteilen durch die wechselvolle

Geschichte nicht viel übrig geblieben ist. Die Quellen, heute barock gefasst, gibt es noch immer, wir finden sie hinter der Pfarrkirche St. Johannes am Fuße des Berghanges. Auffallend ist der »Graue Herzog«, der frei stehende romanische Campanile, der ursprünglich zur Klosterkirche gehörte. Diese stand auf dem freien Platz neben dem Turm, wurde aber während der Säkularisation dem Erdboden gleichgemacht. In der Nähe steht die barocke Pfarrkirche. Innen zeigt ein spätromanisches Kruzifix frühe Schnitzkunst, in der sich bereits die typische Steifheit des Körpers zu wandeln beginnt. Es ist der klägliche Rest der einstmals an Kunstschätzen reichen Klosterkirche. Heute ist das Kloster an einen Naturkosmetik-Hersteller verpachtet. Die Produkte lassen sich im Klosterladen erwerben.

Im größten Eibenwald Bayerns, dem Paterzeller Eibenwald, findet man die seltenen knorrigen Eiben.

Sehr sehenswert ist eine Besichtigung des Fürstentraktes im Rahmen einer Führung (Januar–März Freitag, Samstag, Sonn- und Feiertag 15.00 Uhr, April–Dezember zusätzlich Mittwoch und Donnerstag 15.00 Uhr sowie Mai–Dezember zusätzlich Sonn- und Feiertag 14.00 Uhr). Über und über sind die Säle mit reichem, farbigem Stuck von Johann Schmutzer verziert. Wessobrunn brachte eine eigene Stuckatorenschule hervor, die im barocken Zeitalter in vielen bayerischen Kirchen Aufsehenerregende Werke schuf. Sehenswert ist noch die 1000-jährige Tassilolinde, ein weit bekanntes Naturdenkmal, das unterhalb der Klosteranlage steht und unter dessen Blätterdach Tassilo die Nacht verbracht haben soll. Eine gern erzählte Geschichte, die sich beim schnellen Nachrechnen der historischen Daten wohl nicht bewahrheiten lässt.

Aussichtsreich ins Tal Nach der Klosterbesichtigung geht es nun zur Rückfahrt. Dafür radeln wir oberhalb der Kirche auf der Straße, dem Tassiloweg, nach Osten. Mit herrlicher Sicht über das Ammermoor und die Alpen geht es sanft und gleichzeitig flott bergab. Noch im Schwung dürfen wir die Abzweigung links auf den ungeteerten Weg (Radwegschild) nicht übersehen. Etwas Vorsicht ist beim Abbiegen auf den lockeren Untergrund geboten. Jetzt geht es weiter abwärts und geradezu mühelos, ohne treten zu müssen, genießen wir den Stiller Wald. An einer Kreuzung fast schon in der Talsohle halten wir uns links, stets der Beschilderung nach Raisting folgend.

Zunächst Biergarten, dann Radom Die verkehrsfreie Straße endet in Stillern, nun ist der Weg wieder geteert. In dem kleinen Weiler lockt ein malerischer Biergarten unter Bäumen. Gut, wenn gerade Wochenende ist, denn dann kann man bei Biergartenwetter einkehren und sich mit Brotzeiten, hausgemachten Spezialitäten und feinen Bio-Säften oder süffigen Bio-Bieren stärken. Nach der Rast begleitet uns dann mit etwas Abstand das Bächlein Rott mit seinen silbrig glänzenden Weiden. In Raisting radeln wir rechts durch die Floßmannstraße zur Kirche an der Hauptstraße, die hier Herrenstraße heißt. Auf ihr geht es nach rechts, dann folgen wir jedoch nicht der Vorfahrtstraße, sondern wir bleiben geradeaus auf dem Mitterweg. Kaum haben wir Raisting verlassen, liegen vor uns auf den freien Feldern die riesigen Satellitenschüsseln der ehemaligen Erdfunkstelle. Es lohnt sich, eine Schleife über die Feldwege zum Random zu fahren. Wer seine Augen offen hält, entdeckt auf den Feldern übrigens auch einige Störche. Wir sind nun schon ganz nah am Mündungsgebiet der Ammer in den Ammersee und hier brüten jedes Jahr einige Storchenpaare. Wer auf dem Mitterweg geblieben ist, folgt nach der letzten Antenne rechts dem Radwegschild, das uns an der nächsten Kreuzung nach links schickt. Alle, die wie wir gerne wild über die Feldwege zwischen den Antennen herumcruisen, halten einfach auf das frei stehende Wallfahrtskirchlein zu. Davor biegen wir rechts ab und folgen dann ebenfalls stur im Zickzack den Radwegzeichen.

Durch das Ammermoor nach Weilheim Der Radweg führt uns nun schnurstracks in südliche Richtung. Am Waldrand wird er zu einem schmalen Pfad, der gleich darauf wieder breiter wird. Auch wenn die nach links führende und von Birken gesäumte Straße verlockend aussieht, halten wir uns rechts, fahren durch eine Schranke und folgen dem für Autos gesperrten Weg geradeaus. Immer mehr tauchen wir ins Ammermoor ein. Links und rechts des Weges liegen einige ehemalige Torfabbauflächen, erkennbar an den mystisch anmutenden dunklen Wasserflächen, den Moorseen. In einem davon stehen unzählige weiß ausgebleichte abgestorbene Bäume. Ein echter Hingucker. Geradeaus geht es über die querenden Straßen, dann erreichen wir auf der Moosstraße die ersten Häuser von Weilheim. Sie bringt uns an ihrem Ende zur großen Wessobrunner Straße, auf der wir nach links zurück zur Ammerbrücke radeln. Wer jetzt noch Zeit hat, Weilheim und seine Altstadt zu besuchen, der hat alles richtig gemacht und vollendet so genussreich eine der schönsten und vielfältigsten oberbayerischen Radrunden.

✔ Nicht versäumen:

Im ausgehenden Mittelalter entstanden etwa eine Tagesreise von München entfernt kleine Verwaltungszentren, die rasch in den Rang einer Stadt erhoben wurden. Ein Beispiel ist Weilheim, dem man seine Geschichte heute noch ansieht. Wie immer bildet das Zentrum die Pfarrkirche Mariä Himmelfahrt. Daneben steht das alte Rathaus, das sich inzwischen zu einem sehenswerten Stadtmuseum gemausert hat. Nach Westen hin öffnet sich der Marienplatz mit der Mariensäule von 1698. Das gesamte Ensemble umfasst eine in weiten Teilen noch erhaltene Stadtmauer. Weilheim lohnt immer für einen Bummel oder einen netten Kaffeeplausch in der historischen Altstadt.

Nach so viel Naturerlebnis bilden das Raistinger Radom einen harten Kontrast.

✔ Hier geht's lang

Ausgangs- und Endpunkt: Weilheim, Ammerbrücke

Tourencharakter: Radtour verläuft überwiegend auf land- und forstwirtschaftlich genutzten Straßen oder Fahrradwegen, die zur Hälfte ungeteert sind. Eine anstrengendere Auffahrt nach Wessobrunn gibt es. Ansonsten fast eben oder leicht bergab. Wenig Schatten!

Bahn: Mit der Bahn nach Weilheim, von dort durch die Bahnhofstraße und die Bahnhofgasse zur Schützenstraße und dieser nach rechts über die Ammer folgen

Auto: Von München über Starnberg auf der B2 nach Weilheim, vor dem Ortszentrum rechts über die Ammer. Auf der anderen westlichen Ammerseite parkt man sein Auto am besten vor der Hochlandhalle/Stadthalle.

Übernachtung: Landgasthof Zum Eibenwald in Paterzell, Gasthof Zur Post in Wessobrunn, Gasthof Zur Post in Raisting, Hotel Vollmann in Weilheim

Einkehr: Wessobrunn: Gasthof zur Post, ein Traditionsgasthaus an der Hauptstraße. Direkt an der Strecke liegt bei Stillern der wunderschöne Biergarten Grenzbach (Freitag und Wochenende geöffnet). Raisting: Gasthaus zur Post in der Ortsmitte.

Information: www.raisting.de, www.weilheim.de

16 ● Mittel | 49 km | 500 Hm | 4.15 Std.

Zwischen Ammersee und Starnberger See

Im Fünfseenland

Begeisterung beim Radeln, Genießen und Besichtigen: Diese Radtour führt überwiegend auf völlig einsamen Wegen aussichtsreich durch die herrliche Natur- und Kulturlandschaft im sogenannten Fünfseenland. Dabei touchieren wir eigentlich nur einen der fünf Seen. Mit dem Starnberger See haben wir uns aber den größten und vielseitigsten ausgesucht.

✔ Darum einzigartig

Eine aussichtsreiche Strecke verläuft über die Moränenhügel im Fünfseenland zwischen dem Ammer- und Starnberger See. Eines unserer Ziele ist das Kloster Andechs, durch seine Brauerei und den Biergarten ein Inbegriff der bayerischen Gemütlichkeit. Aber auch idyllische Picknickstellen liegen am Weg, genauso wie eine Schlucht, der Maisinger See und nette Orte wie Tutzing oder Possenhofen.

Durch die Maisinger Schlucht Vom Starnberger Bahnhof wenden wir uns, den See im Rücken, nach links und fahren auf der Bahnhofstraße leicht bergauf über die große Kreuzung in die Söckinger Straße. Dieser folgen wir ein Stück und biegen dann links in die Maisinger-Schlucht-Straße ein. Herrlich beginnt die Radtour durch die Maisinger Schlucht. Wir radeln entlang des grummelnden Maisinger Baches über Stege von einem ans andere Ufer. Der Weg ist auch ein beliebter Wanderpfad, sodass wir immer mit Fußgängern rechnen müssen. Die Schlucht ist natürlich nicht so dramatisch wie eine Klamm im Gebirge, trotzdem hat sich hier der Bach tief in die Nagelfluhschichten hineingefressen. Die Felsen, die links und rechts anstehen, sehen aus wie grober Beton mit eingelagerten Steinen. Sie entstanden aus den eiszeitlichen Moränenhügeln, die während der letzten Eiszeit durch den Druck des darüberliegenden Eises zu einer Art Fels gepresst wurden. An ihrem Ende erreichen wir Maising.

Andechs, wir kommen Dort radeln wir links zur Dorfstraße und folgen ihr zum Gasthof Ludwig. Ihm gegenüber führt ein schmaler Weg direkt über die Felder zum Maisinger See und dem Biergarten Maisinger Seehof. Wir fahren mit mehr oder weniger Abstand am Ostufer des Sees entlang und kommen dann über die Felder nach Aschering. An der Kirche finden wir einen Wegweiser Richtung Andechs, dem wir folgen. Jetzt geht es einen Moränenhügel aufwärts in den Wald. Wir bleiben immer auf dem deutlich erkennbaren Hauptweg und treffen schließlich auf die Fahrstraße nach Machtlfing. Auf ihr geht es etwa 150 Meter nach links, dann zweigt rechts ein Weg ab, der uns an der Justizvollzugsanstalt Rothenfeld vorbei über die Felder zur großen Autostraße Starnberg–Andechs führt.

Starnberger See mit den Münchner Hausbergen von Tutzing aus

Wir biegen links auf den Radweg ein, nach etwa 250 Metern überqueren wir die Straße und erreichen an der Friedenskapelle den alten Pilgerweg, der uns direkt zum Kloster Andechs bringt. Hier brauchen wir natürlich eine Pause – egal ob für Leib oder Seele …

Nächster Halt: Kerschlach Vom großen Parkplatz aus geht es danach weiter auf der Andechser Straße nach Erling. Am Gasthaus zur Post queren wir die Straße in den Kerschlacher Weg und folgen ihm weiter in südlicher Richtung. Kurz nach der Andechser Molkerei Scheitz teilt sich der Weg. Beide Wege würden nach Kerschlach führen. Wir halten uns links, denn wir wollen uns im kleinen Hofladen, der zur Andechser Molkerei gehört, mit einer leckeren Bio-Brotzeit für ein Picknick eindecken. Ein schönes Rastplätzchen folgt bald nach dem Hofladen. Links des Weges liegt die kleine Stephanskapelle auf einem Hügel. Wer den Hunger noch ein bisschen aushält, wartet noch ein bisschen, denn es kommt noch besser. Zunächst erreichen wir Machtlfing. Im Ort halten wir uns rechts in die Pähler Straße, weiter der Beschilderung »Kerschlach« folgend. Im leichten Auf und Ab passieren wir ein paar einsame Höfe, dann radeln wir aus dem Wald. Gleich auf der linken Seite befindet sich der wunderbare Aussichtshügel von Kerschlach. Ein kleiner Pfad führt über die Wiese dorthin. An klaren Tagen liegt die Alpenkette zwischen der Benediktenwand im Tölzer Land über das Karwendel und die Zugspitze bis hin zu den

Andechs mit seinem Kloster ist nicht nur kunsthistorisch ein Höhepunkt der Radrunde, sondern auch kulinarisch.

Allgäuer Bergen um den Grünten vor uns. Der beste Platz für ein mitgebrachtes Picknick. Danach geht es hinunter zum Gut Kerschlach, wo wir uns gerne etwas umsehen dürfen.

Zum Starnberger See Wir verlassen das Gut auf der mit Bäumen gesäumten Straße leicht aufwärts. Dann queren wir die B2 geradeaus in den Feldweg und folgen der Beschilderung nach Monatshausen. Wieder treffen wir auf eine kleine geteerte Straße; dieser folgen wir kurz nach rechts und biegen dann links in die Monatshauser Straße ein, nun den Schildern nach Tutzing folgend. Stets in westliche Richtung passieren wir dann an einer alten Allee den Ausläufer der Ilkahöhe. Ein kurzer Abstecher zu Fuß führt auf den beliebten Aussichtspunkt. Ansonsten bleiben wir der Straße treu und rollen hinab nach Tutzing. Wer mit der S-Bahn angereist ist, kann hier nun in den Zug steigen und die Tour beenden. Ansonsten folgen wir der Hauptstraße nach links durch Tutzing und ab hier gibt nun der Seerundweg den weiteren Verlauf der Strecke an. Stets am Ufer entlang (manchmal muss man das Fahrrad an der Uferpromenade schieben) oder wenigstens in der Nähe des Ufers geht es über Garatshausen in den Feldafinger Schlosspark und weiter nach Possenhofen. Dort verlassen wir den See und radeln nun im leichten Auf und Ab durch den Wald nach Niederpöcking. Von dort ist es nicht mehr weit zurück nach Starnberg.

✔ Nicht versäumen:

Kloster Andechs mit seiner barocken Wallfahrtskirche ist der kunsthistorische Höhepunkt der Radrunde. Der Kirchturm (man kann ihn übrigens besteigen) ist zu einem Wahrzeichen des Ammersees geworden. Nicht vergessen sollte man jedoch die Landkirche von Aschering mit ihren Deckenfresken des Johann Baptist Baader, der wie kein anderer verstanden hat, die dargestellten Personen fast karikaturhaft in ihrem Ausdruck zu übersteigern.

In Tutzing lässt sich die Runde abkürzen, dann bleibt mehr Zeit für eine genüssliche Einkehr.

✔ Hier geht's lang

Ausgangs- und Endpunkt: Starnberger, Bahnhof

Tourencharakter: Meist auf Rad- oder Wanderwegen und einigen Nebenstraßen verläuft diese leicht hügelige Tour zwischen den zwei Seen. Es gibt jedoch keine langen schweren Steigungen. Bademöglichkeiten im Maisinger und Starnberger See. Abkürzung in Tutzing mit der S-Bahn möglich (spart 14 km).

Bahn: Mit der S-Bahn nach Starnberg

Auto: Nach Starnberg. Östlich des Bahnhofes gibt es ein paar Park-and-ride-Parkplätze.

Übernachtung: Hotel Zur Post Garni, Andechs, Starnberger Straße

Einkehr: Tolle Picknickplätze liegen am Weg. Bräustüberl Kloster Andechs (kein Ruhetag 10.00–20.00 Uhr), Gasthof Ludwig in Maising (Dienstag/Mittwoch Ruhetag), Maisinger Seehof (Ostern bis Oktober geöffnet, Montag Ruhetag)

Information: www.raisting.de, www.weilheim.de

Von Dachau nach Fürstenfeldbruck

Entlang der Amper

Der erste Teil des Weges führt entlang der romantischen Amper zu einem der schönsten Barockbauten in Bayern: dem Kloster Fürstenfeld. Dann wechselt die Szenerie, wir rollen durch weite Felder und Wiesen und über Moränenhügel zurück nach Dachau.

✔ Darum einzigartig

Der erste Teil unserer Radtour wird von der Amper bestimmt, die vielen Tieren und Pflanzen einen Lebensraum bietet. Selbst direkt in Dachau konnten wir einen Biber beobachten, der sich überhaupt nicht stören ließ. Schwäne, Enten und Graugänse bevölkern den Fluss, die Auen sind erfüllt vom Zwitschern der Singvögel. Am Rückweg erleben wir dann das Bauernland, für das Dachau nicht erst seit den Erzählungen von Ludwig Thoma berühmt ist.

Über die Alte Liebe nach Olching Wir beginnen unsere Radtour am Bahnhof der S-Bahn in Dachau und fahren über die Bahnhofstraße zur Münchner Straße und auf ihr rechts über die Amperbrücke. Am anderen Ufer biegt die große Straße rechts ab. Wir jedoch fahren geradeaus und biegen schon nach wenigen Metern vor dem Mühlkanal links ab. Ab hier führt uns das Radwegschild »Fürstenfeldbruck« mit dem Zusatz »AAR«, mit dem »Ammer-Amper-Radweg gemeint ist. Jetzt geht es an der Amper entlang, die nach dem Wasserkraftwerk sich nicht als Fluss gibt, sondern eher als stiller See. Bei der zweiten Brücke wechseln wir das Ufer und kommen weiter am Flussufer zu einem kleinen Schild, das uns nach links zur »Alten Liebe« weist. Neugierig biegen wir für einen Abstecher ab und erreichen rasch ein romantisches Gasthaus, das mit seinem großen Biergarten im Auwald auf Gäste wartet. Für eine Einkehr ist es fast zu früh, auf der anderen Seite haben wir Zeit. So lassen wir uns verführen oder merken uns diese Adresse für ein andermal – und kehren zum Uferweg zurück. Unser Weg wendet sich langsam von der Amper ab. Schließlich stoßen wir auf die Eschenrieder Straße, in die wir rechts einbiegen, um sie schon nach 50 Metern wieder nach links zu verlassen. Ein Wegweiser zeigt uns die Stelle deutlich an. Wir erreichen die B471, ein Radweg bringt uns parallel zu ihr nach rechts wieder an die Amper. Wir überqueren die Bundesstraße und folgen weiter unserem Radweg. Nach einer Kläranlage und einer großen Kiesgrube überqueren wir die Autobahn A8. Wir umfahren das Gut Graßlfing und nehmen beim Kreisverkehr die erste Abfahrt rechts. Bei der ersten Abzweigung geht es links in den Radweg und dann am Golfplatz Olching entlang zu den Häusern von Olching.

Am Dachauer Wasserkraftwerk an der Amper

Kleine Schätze am Wegesrand Wir überqueren den Mühlbach und fahren am anderen Ufer weiter über die S-Bahn zu dem großen Sportgelände, wo sich auch der Olchinger Vogelpark befindet. Letzterem können wir einen Besuch abstatten oder wir bleiben geradeaus und erreichen über die Amper Esting. Die Schlossstraße führt uns zum Schloss mit seiner schönen Bemalung. Eine kleine Tür lässt uns in die Schlosskapelle mit ihrer barocken Ausstattung schlüpfen. Beim Schloss biegen wir links in die Römerstraße und finden die nächste Straße rechts nochmals einen kunsthistorischen Höhepunkt, die romanische Kirche St. Stephanus, die in das 13. Jh. zurückgeht.

Kloster Fürstenfeld – immer eine Reise wert! Wir bleiben nun immer geradeaus und erreichen so Emmering. Hier treffen wir auf die Dachauer Straße. In diese biegen wir links ein und bei der nächsten Abzweigung nochmals links in die Estinger Straße. Sie bringt uns über die Amper und weiter auf der Amperstraße zum Kirchplatz mit der Pfarrkirche St. Johannes Baptist und Evangelist. Hier geht es nach rechts und dann treffen wir unseren Ammer-Amper-Radweg wieder, der uns nach Fürstenfeldbruck zur Münchner Straße bringt. Auf ihr fahren wir für etwa 500 Meter nach links, um dann rechts in die Oskar-von-Miller-Straße einzubiegen. Sie bringt uns zum Höhepunkt unserer Radtour, dem Kloster Fürstenfeld. Die Gründung des Klosters geht auf eine Stiftung des Bayernherzogs Ludwig II. 1263 zurück. Er bekam später den Beinamen »der Strenge«, weil er seine erste Ehefrau Maria von Brabant hinrichten ließ. Er hatte sie fälschlich des Ehebruchs bezichtigt. Dieser Justizmord ließ sich damals nicht mit einer Klosterstiftung erledigen.

Der Herzog wurde nie bei einer Königswahl in Betracht gezogen. Wir finden eine Plastik von ihm, gewandet in prächtiger Kleidung, in der Klosterkirche am linken Chorpfeiler. Für eine Mittagspause bieten sich zwei Restaurants an. Das Bräustüberl direkt gegenüber der Kirche mit Betonung auf bayerischer Küche und vorne Richtung Straße das Restaurant Fürstenfelder, das sich mehr auf gehobene internationale Köstlichkeiten spezialisiert hat.

Fürstenfeldbruck Vom Kloster aus überqueren wir die Hauptstraße und finden, bestens ausgeschildert in die Fürstenfeldbrucker Innenstadt, einen Weg durch die grünen Parkanlagen. Er führt uns über die Amperinsel. Wenn wir uns nach der Amperinsel rechts über den kleinen Kanal halten und an den Stadtwerken vorbei durch die Bullachstraße zur großen Amperbrücke radeln, können wir gleichzeitig schon eine kleine Besichtigungstour starten. Das Gelände mit der Aumühle und der Bücherei ist wie ein eigenes kleines Stadtviertel. Dieses schließt mit der ehemaligen Wallfahrtskirche St. Leonhard ab, in der wir zahlreiche Fresken mit Heiligen finden, die aus der Übergangszeit von der Gotik zum Barock stammen. Seit der letzten Renovierung ist die Kirche dem Gedächtnis an die Gefallenen der Weltkriege geweiht. Wir stellen gerne unsere Räder bei der Amperbrücke ab, kaufen uns beim Al-Ponte ein Eis und besichtigen dann die Altstadt von Fürstenfeldbruck, die sicherlich einen kurzen Bummel wert ist. Die Hauptstraße wird vom Alten Rathaus beherrscht, das von erhöhter Stelle auf das rege Treiben herunterschaut. Auf der einen Seite der Straße sticht das große Hotel Zur Post ins Auge, das seit 1590 in Familienbesitz ist, auf der anderen Seite als Kontrast zu den vielen klassischen Geschäftshäusern der moderne Bau der Sparkasse. An ihr vorbei kommen wir durch die Kirchstraße zur mächtigen Pfarrkirche, die der Hl. Maria Magdalena geweiht ist. Auf den Fresken im Chorraum finden wir die seltene Darstellung von Maria Magdalena, die den auferstandenen Jesus für den Gärtner hält.

Über Maisach und viele Dörfer zurück Nach der Besichtigungstour radeln wir auf der Hauptstraße hinauf zum Rathaus und dann, nach rechts versetzt, in die Augsburger Straße. Auf ihr überqueren wir die B 2 und kommen zu einem Kreisverkehr. Hier geht es kurz nach rechts und dann links in die Straße Hasenheide, Maisach ist ausgeschildert. Gut 150 Meter später beginnt links die Straße Am Kugelfang. Sie wird zur Carl-von-Linde-Straße und zur Alten Brucker Straße. Nun umrunden wir ein Stück des ehemaligen Militärflugplatzes Fürstenfeldbruck und erreichen schließlich nach links das Zentrum von Maisach. Unser nächstes Ziel ist Überacker. Dazu fahren wir auf der Bahnhofstraße vor zur Hauptstraße und auf ihr rechts zum Kreisverkehr. Die zweite Abfahrt ist schon die Überackerstraße, auf der wir wieder einen schönen Radweg finden, der uns ins Dorfzentrum von Überacker bringt. Dort queren wir die Maisach und fahren auf der Bergstraße zur Bartholomäusstraße und dann, unterhalb der Kirche, links in die Fußberger Straße. Über Fußberg, das wir umfahren, geht es nach Thal und dann über die Autobahn A 8. In Palsweis macht die Straße eine Schleife nach rechts und überquert die Maisach.

Um in die Altstadt von Dachau zu gelangen, müssen wir uns den Berg hinaufbemühen.

Esting bei Olching ist einer der kleinen Kunstschätze am Wegesrand.

Nach der Brücke biegen wir links ab, blicken nochmals zurück auf Palsweis mit seiner romanischen Kirche und kommen nach etwa zwei Kilometern an eine T-Kreuzung. Hier geht es links hinauf nach Eisolzried und von dort rechts nach Bergkirchen mit seiner Pfarrkirche St. Johann Baptist, die von dem großen Barockbaumeister Johann Michael Fischer gebaut wurde. Über Günding erreicht man dann wieder Dachau. Durch die Burgfriedenstraße und die Augsburger Straße fährt man direkt ins Zentrum der Altstadt mit der Pfarrkirche St. Jakob und dem Rathaus. Wenn noch Zeit ist, bietet sich noch ein Abstecher über die Schlossstraße zum alten Wittelsbacher Schloss und in den Schlossgarten an. Zurück am Rathaus fährt man dann den steilen Karlsberg abwärts zur Amper, um auf dem bekannten Weg zum Ausgang zurückzukehren.

✔ Nicht versäumen:

Das Kloster Fürstenfeld war eine große Zisterzienserabtei, die es sich im 18. Jahrhundert leisten konnte, eine der gewaltigsten barocken Klosterkirchen des süddeutschen Raumes zu bauen. Die Gebrüder Asam waren ganz wesentlich an der Ausgestaltung des Innenraumes beteiligt. Seit der Neugestaltung der Klosterhöfe vor einiger Zeit kommt die Kirche mit den erhaltenen Klosterbauten wunderbar zur Geltung.

Ampersteg in Fürstenfeldbruck

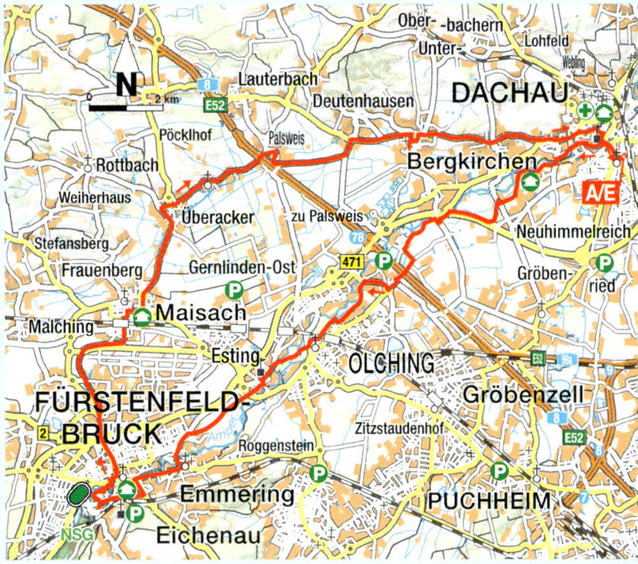

✔ Hier geht's lang

Ausgangs- und Endpunkt: Dachau, Bahnhof der S2

Tourencharakter: Einfache, aber längere Rundtour größtenteils auf Radwegen, die alle auch von Wanderern benutzt werden. Wenig Schatten. In Fürstenfeldbruck kann die Tour mit der S-Bahn abgekürzt werden.

Bahn: Dachau liegt an der S-Bahn S2.

Auto: Auf der Autobahn A 8 Ausfahrt Dachau, Parkplätze in Dachau am Bahnhof oder auf der Ludwig-Thoma-Wiese unter der Altstadt

Übernachtung: Zieglerbräu Konrad-Adenauer-Str. 8, 85221 Dachau, Hotel Hartmann, Leonhardsplatz 1, 82256 Fürstenfeldbruck

Einkehr: Gasthof Alte Liebe bei Dachau/Mitterndorf, Gasthaus Steinherr in Esting, Bräustüberl Maisach. In Fürstenfeldbruck gibt es mehrere Möglichkeiten.

Information: www.dachau.de, www.fuerstenfeldbruck.de

Anlautertal und Altmühltal

Zwischen Flüssen und Trockenhängen

Die herrliche Rundtour führt von Kinding durch das Anlautertal nach Titting. Man trifft auf Römerspuren am Limes und quert dann über die Hochebene bei Pollenfeld hinüber ins Altmühltal. Mit Eichstätt als Zwischenziel geht es dann entspannt über einen der schönsten Abschnitte des Altmühltal-Radweges zurück.

✔ Darum einzigartig

Würziger Duft entströmt den sonnengefluteten Wacholderheiden. Dazwischen schroffe Felsen und Klippen und die eine oder andere Schafherde. Mitten durch das Herzstück des Naturparks Altmühltal führt unsere Tour und streift dabei einen Teil des Limes, ebenso wie zahlreiche Abbauhalden des Juragesteins.

Entlang der Anlauter Wir starten am Kindinger Bahnhof und radeln auf der Zufahrtstraße zurück, unter der Autobahn hindurch, Richtung Ortsmitte. Unmittelbar bevor wir auf den Kreisverkehr treffen, beginnt nach links ein Radweg, der parallel zur Autostraße verläuft. Diesem folgen wir durch einen Tunnel und gleich darauf kreuzt über unseren Köpfen die Deutsche Bahn. Dann sind wir schon im Weiler Enkering und damit im Anlautertal. Auf der Hauptstraße geht es in die Ortsmitte, dort biegen wir rechts in die Rumburgstraße ein, queren die Anlauter und halten uns dann links, nun immer flussaufwärts. Kaum haben wir Enkering verlassen, sind wir schon mitten in grüner Natur. Vorbei an Streuobstwiesen und Trockenrasenhängen, aus denen nicht nur Wachholderbüsche, sondern auch Felsen hervorstechen, blicken wir auf die frei stehende Kirche St. Martin im Weiler Schafhausen. Die Anlauter plätschert mal mehr und mal weniger nah entlang unseres Radweges, dabei ähnelt sie mehr einem Bach als einem Fluss. Vorbei an vielen Wildhecken erreichen wir Erlingshofen. Die Radwegbeschilderung nach Titting weist uns zur Vorfahrtstraße, die wir jedoch in der Kurve gleich wieder verlassen, und nun steht ein erster kleiner Anstieg bevor.

Panoramawege Links aufwärts geht es auf einem Rad- und Wanderweg weiter, der zum Glück gleich wieder eben auf halber Höhe am Hang verläuft. Wilde Schlehenhecken säumen ihn zusammen mit Kiefern und Wachholderbüschen. Das ist die typische Vegetation der Trockenrasenhänge, die uns überall im Naturpark Altmühltal begegnen. Wir verlieren wieder an Höhe und kommen nach Altdorf. Noch vor der Brücke halten wir uns rechts. Die Anlauter queren wir wenige Pedalumdrehungen später. Nun geht es auf der anderen Uferseite im leichten Auf und Ab am Waldrand entlang nach Emsing. Dort queren wir die Autostraße geradeaus und radeln nur noch ein kurzes Stück auf der

Schafherden sorgen im Altmühltal für den Erhalt der Artenvielfalt an den typischen Trockenhängen.

Die Burg Kipfenberg thront über der Stadt.

Hauptstraße in den Ort. Das Radwegschild weist uns dann zwischen zwei Häusern nach links. Die Stelle ist jedoch leicht zu übersehen. Überdies führt der Weg sehr steil zwischen zwei Absperrungen aufwärts, sodass wir besser kurz schieben. Oben wenden wir uns nach links und sind gleich darauf wieder auf einem aussichtsreichen Panoramaweg unterwegs, der uns bis Titting begleitet.

Auf die Jurahöhe Zur Ortsmitte von Titting verlieren wir wieder an Höhe. Rechts-links haltend sind wir auf der Marktstraße, auf der wir ein letztes Mal die Anlauter queren. Eine kleine Verschnaufpause zum Energietanken kommt ganz recht, denn nun steht die Auffahrt auf die Jurahöhe bevor. Dafür lotst uns die Radwegbeschilderung nach Eichstätt ein Stück weiter auf der Marktstraße nach Süden, bevor wir links abbiegen. Der Weg steigt sofort steil an und wendet sich noch stärker nach links. Zum Glück führt die Auffahrt durch den Wald, das spendet etwas Schatten. Wer mit dem E-Bike unterwegs ist, hat es definitiv leichter. Aber nach der langen Geraden haben wir es geschafft, wir verlassen den Wald und stehen auf der Hochebene, die das Anlautertal vom Altmühltal trennt. Über die Felder geht es nun nach Erkertshofen, wo wir am Ortsrand auf die Limesstraße treffen.

Die Römer und ihr Limes Nach Eichstätt geht es rechts weiter. Es lohnt sich jedoch, zu einem Abstecher nach links zu starten. Einmal quer durch den Ort, erreichen wir nach einem Kilometer den rekonstruierten römischen Wachturm. Dort gibt es einen netten Rastplatz mit Picknickbänken und die Informationstafeln verraten viel Wissenswertes rund um den Limes, seine Geschichte und Funktion. Außerdem kann man den Wachturm besteigen und hat eine gute Sicht auf die nahen Jurasteinbrüche. Zurück geht es wieder zur Abzweigung und wir folgen dann, von der Dorfstraße kommend, links der Beschilderung nach Eichstätt.

Nach Eichstätt Über Felder fahren wir nun an einigen aufgelassenen Steinbrüchen vorbei. Wir sind nun im Abbaugebiet des Juramarmors unterwegs, der auch Jurastein oder Jurakalk genannt wird. Sein bekanntes Aussehen hat er seinem gelblichen Grundton zu verdanken, aber auch den zahlreichen Fossilien, die darin eingelagert sind. Vorbei an Windkraftanlagen erreichen wir Pollenfeld, die größte Gemeinde auf der Hochfläche. In die Kirchstraße biegen wir links ein, sie bringt uns zur Hauptstraße. Auf ihr geht es für wenige Meter nach rechts, gleich nach der Sparkasse biegen wir links ein und radeln dann rechts in den Lohweg. Nun immer geradeaus sind wir wieder in landwirtschaftlichem Gebiet. Bald weist uns das Radwegschild nach rechts und wir genießen zur

Der Radweg durch das Anlautertal ist deutlich einsamer als der Altmühltal-Radweg.

Abwechslung den Weg durch den Wald. Abwärts geht es nach Preith, doch zu früh gefreut: Etwas aufwärts müssen wir noch nach Wimpasing. Am Ortsrand von Wimpasing geht es nach links, unter der größeren Autostraße hindurch und nach dem kleinen Steinbruch biegen wir rechts in die kleine Straße ein. Sie bringt uns abwärts zu einer größeren, der wir nach rechts folgen. Jetzt haben wir es geschafft und ziemlich flott verlieren wir an Höhe. Wir kurven abwärts direkt in die Altstadt von Eichstätt. Die zwei Domtürme dienen zur Orientierung. Nun ist sicherlich Zeit für einen Stadtbummel und eine längere Pause. Nette Cafés und Restaurants finden wir am Markplatz oder am kleinen Domplatz.

Altmühltalweg Nach der Stadtbesichtigung machen wir uns auf den Rückweg. Dafür folgen wir einer der Gassen ans Altmühlufer. Entweder nach dem Residenzplatz vorbei an der Maria-Ward-Schule über den Seminarweg oder aus der großen Ostenstraße nach rechts durch das Wiesengäßchen. Am Flussufer ist der Rückweg eigentlich nicht mehr zu verfehlen, auch wenn er noch ganz schön lange ist. So verlassen wir Eichstätt vorbei an den Pavillons des Hofgartens, den Sportanlagen und dem großen Wohnmobilstellplatz. (Beschilderung »Altmühlradweg und Kipfenberg«). An der Radwegbrücke biegen wir scharf rechts über die Altmühl und folgen dann sofort wieder links dem trägen fließenden Fluss. Ein paar Biber haben es sich in den Flussauen gemütlich gemacht. Sie selbst bekommen wir nicht zu Gesicht, aber einige angenagte Weidenbäume sind nicht zu übersehen. Etwas weiter wendet sich unser Radweg nach rechts, weg vom Fluss, und folgt dann nach links einer langen Geraden in den Wald hinein. Rasch kommen wir vorwärts und erreichen Pfünz, bekannt für sein Römerkastell Vetoniana. Es ist vor allem wegen seines Nachbaus interessant, denn so kann man sich die einstige Größe der Bewachungsanlage gut vorstellen. Aber die Römer waren schlau und haben diese natürlich nicht in Flussnähe

Eichstätt mit seinem Willibaldsbrunnen ist einen längeren Aufenthalt wert.

auf der Ebene errichtet, sondern strategisch günstig auf der Anhöhe, die sich über dem heutigen Ort Pfünz befindet. Wer also für einen Abstecher (Schilder) dorthin möchte, muss mit einer kurzen, aber definitiv schweißtreibenden Aufwärtsstrecke rechnen.

Kipfenberg Bequemer ist es, sich links zu halten, es geht unter der Straße hindurch und dann bringt uns der Radweg zu einem anderen historischen Bauwerk. Über die Altmühl führt eine mittelalterliche Steinbogenbrücke, ein beliebtes Fotomotiv. Dahinter setzen wir unseren Radweg nach rechts fort. Vorbei an einigen Mühlen und dem Weiler Inching erreichen wir Walting. In der Leonhardstraße bremst uns der nette Biergarten vom Gut Moierhof aus, sofern er geöffnet hat. Dahinter queren wir die Altmühl, folgen ein kurzes Stück einem Radweg parallel zur Straße, dann geht es schon wieder nach links und wir sind wieder frei von Autos. In Pfalzpaint wechseln wir erneut das Ufer, das letzte Mal für heute, wenn man von einem Abstecher nach Kipfenberg absieht. Über Gungolding geht es vorbei an Arnsberg, das von einem mächtigen Schloss dominiert wird. Im leichten Auf und Ab radeln wir nun wieder entlang der Trockenhänge und passieren mit Abstand Böhming, das am anderen Ufer liegt. Ins Auge sticht vor allem die einsame weiße Kirche von Böhming, die auf den Fundamenten des römischen Numeruskastells errichtet wurde. Kurz darauf erreichen wir Kipfenberg, eine der größten Marktgemeinden im Altmühltal. Über dem Ort wacht die mächtige Burg Kipfenberg, in der sich das Römer und Bajuwaren Museum befindet. Etwas östlich davon liegt der geografische Mittelpunkt Bayerns im Wald. Kipfenberg lohnt sicherlich einen Besuch, für den Rückweg bleiben wir jedoch auf der ursprünglichen Flussseite. Nun ist es auch nicht mehr weit und über die Weiler Grösdorf mit ihren zwei Kirchen sowie Ibling endet unser Radweg unweit des Bahnhofes von Kinding in einer Straße. Für die letzten Meter geht es noch einmal bergauf, der Radweg ist zumindest als Streifen auf dem Teer abgetrennt. Unter uns verschwindet die Bahnstrecke in einem Tunnel, dann geht es leicht bergab und im Schwung dürfen wir rechts die Einfahrt zurück zum Bahnhof nicht übersehen. So haben wir nach einem ereignisreichen Tag den Ausgangspunkt wieder erreicht.

✔ Nicht versäumen:

Eichstätt, die barocke Bischofsstadt am Ufer der Altmühl, ist ein Höhepunkt. Rund um die Domtürme liegen die wichtigsten Sehenswürdigkeiten. Bei einem Spaziergang vom Residenzplatz über den Domplatz zum Marktplatz mit seinem Willibaldsbrunnen bewundert man die barocken Fassaden und entdeckt so manchen malerischen Winkel.

Wir erreichen einen nachgebauten Limesturm auf der Jurahöhe über dem Anlautertal.

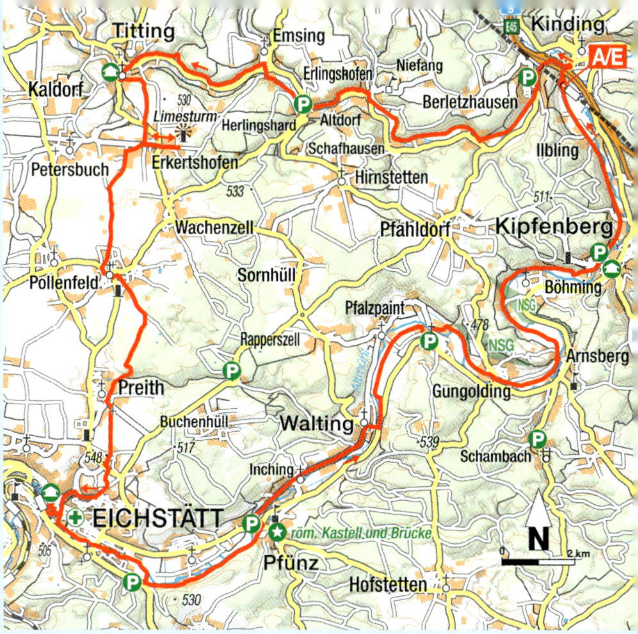

✔ Hier geht's lang

Ausgangs- und Endpunkt: Kinding, Bahnhof

Tourencharakter: Eine längere Rundtour größtenteils auf Radwegen und kleinen Nebenstraßen. Mehrere kleine Anstiege bis Tittling. Eine größere Steigung zwischen dem Anlauter- und Altmühltal. Wenig Schatten im Hochsommer, an heißen Tagen meiden

Bahn: Kinding Bahnhof

Auto: Auf der Autobahn A 9 Ausfahrt Kinding, Richtung Kinding fahren, dann aber noch vor dem Ort am Kreisverkehr der Beschilderung zum Bahnhof folgen. Parkplätze am Bahnhof

Übernachtung: Mitten am Marktplatz kann man im Gasthof Krone traditionell bayerisch essen und im modernen Landhausstil nächtigen (www.krone-kinding.de).

Einkehr: Besonders in Eichstätt gibt es viele Möglichkeiten: z. B. das Café Paradeis am Marktplatz oder den Brauereigasthof Trompete in der Ostenstraße. Sehr nett ist auch in Titting das Bräustüberl am Kreuzberg.

Information: www.naturpark-altmuehltal.de

Wasserburg am Inn bezaubert mit einer schönen Altstadt.

Der Innradweg von Kufstein nach Passau

Auf den Spuren der Innschiffer

Der Innradweg ist natürlich vom Flusslauf geprägt. Dabei spielt aber das Wasserband fast nur eine Nebenrolle. Die Hauptrolle obliegt der herrlichen Landschaft und der Vielfalt der Städte, die wir auf dem Weg besuchen. Mit viel Kunst und Kultur machen wir uns auf die Spuren der einstigen Innschiffer.

✔ Darum einzigartig

Der schiffbare Inn war eine uralte und bedeutende Fernverkehrsstraße, die das Land an seinen Ufern stark geprägt hat. Das hat die Menschen am Fluss reich gemacht. Es sind nicht nur prächtige Städte entstanden, sondern dazwischen prunken Klöster, Schlösser und reiche Dörfer, die alle einen Besuch wert sind.

Der Inn ist ein Gebirgsfluss, das zeigt er uns im ersten Abschnitt von Kufstein nach Rosenheim recht deutlich. Die Berge links und rechts sind zwar kaum höher als 1500 Meter, aber sie lassen erahnen, wie beliebt sie als Wanderziele sind. Dabei erkennen wir schon auf den ersten Kilometern, dass der Inn kein Wildfluss mehr ist. Ein Stauwehr folgt dem anderen und jedes zähmt den Inn. Das war früher anders. Der Inn suchte sich als reißendes Gewässer oft seinen eigenen Weg und schickte gerade im Frühjahr seine Wassermassen ins Zentrum der anliegenden Städte. Eine Katastrophe für die Städte. In Rosenheim, unserer ersten Stadt auf der Strecke, kann man sich das gut am Ludwigsplatz in der Altstadt vorstellen. Bis dorthin drang regelmäßig das Innwasser.

Dabei war der Inn eine der wichtigsten Handelsstraßen Altbayerns. Flussauf und flussab wurden Waren aller Art transportiert, ein einziger Schiffszug konnte immerhin etwa 100 Tonnen Fracht befördern. Flussab ging es bequem mit der Strömung, flussauf wurden die Schiffe mit Pferden auf den Treidelpfaden gezogen, die wir zum Teil als bequeme Radwege nutzen. In den Städten wurden die Waren zum Verkauf angeboten, das geschah in der Regel am Stadtplatz. Der Grundriss dieser Plätze war offensichtlich recht praktisch, denn alle alten Städte an der Handelsstraße, von Bozen über Innsbruck bis nach Passau, sind nach dem gleichen Schema gebaut: Sie waren mit Stadttoren gesichert. Die Häuser hatten zwei oder oft mehr Stockwerke. Im Erdgeschoss befand sich ein frei zugänglicher Laubengang, in dem die Handelsgüter vor Regen geschützt gelagert wurden. Natürlich lebten auch die zahlreichen Gasthäuser recht gut von diesen Handelsleuten.

Für Rosenheim, die erste größere und wichtige Stadt am bayerischen Inn, sollten wir uns etwas Zeit nehmen. Noch heute pulsiert das Leben rund um den Ludwigsplatz und den Max-Josephs-Platz, bei dem wir die typische Laubenarchitektur vorfinden.

Der Inn und der Marktler Badesee

Von Rosenheim geht es weiter den Inn abwärts. Hier gleicht an vielen Stellen der Fluss noch einer Urlandschaft. Die Auwälder sind oft geflutet – ein Werk der zahlreichen Biber, die sich hier angesiedelt haben. Nach etwa 15 Kilometern taucht linker Hand auf dem alten Innhochufer eine auffällige große Kirche auf. Das ist die Kirche der ehemaligen Benediktinerabtei Rott, sie gehört zu den schönsten Beispielen des späten Rokokos in Bayern. Ein Abstecher lohnt sich, um die Freskenkunst eines Matthäus Günther und die Schnitzkunst des Ignaz Günther zu bewundern. Echte Weltkunst in einem kleinen Dorf.

Die nächste Stadt ist Wasserburg als Halbinsel in einer großen Innschleife. Auch hier wurden Waren umgeschlagen, aber der Schwerpunkt war der Personenverkehr auf dem Inn. Wasserburg war früher eine Tagesreise von der Hauptstadt München entfernt. Wer zum Beispiel nach Wien reisen wollte, fuhr mit der Kutsche nach Wasserburg, übernachtete hier und dann ging es mit dem Schiff nach Passau und von dort weiter über die Donau nach Wien. In der Altstadt bewundern wir das Rathaus mit seinen Doppelgiebeln oder die figurenreiche Renaissancekanzel in der Pfarrkirche St. Jakob. Wir überqueren den Inn auf der Roten Brücke, schnaufen das Innhochufer hinauf und kommen nach einem Linksschwenk an die »Schöne Aussicht«. Hier liegt uns die ganze, vom Inn begrenzte Altstadt unmittelbar zu Füßen.

Auch wenn Kufstein zu Tirol gehört, lohnt es sich, in dem malerischen Grenzort am Fuße der mächtigen Festung zu starten.

Jetzt geht es zuerst am rechten, dann am linken Innufer weiter nach Mühldorf. Die gewaltige Länge des Stadtplatzes beeindruckt besonders, noch mehr aber das wuchtige Rathaus, das völlig überdimensioniert erscheint. Mühldorf war als Exklave bis 1802 im Besitz der Salzburger Bischöfe. Dafür war natürlich viel Verwaltung erforderlich, was den außergewöhnlichen Bau in dieser Kleinstadt erklärt. Wir durchqueren den Stadtplatz und biegen dann unmittelbar vor der Innbrücke links ein und folgen weiter dem Innradweg über Töging nach Neuötting. Hier wird der Stadtplatz von der gotischen Pfarrkirche St. Nikolaus dominiert, das Rathaus zeigt seine Bedeutung durch seine Zinnen an der Vorschussmauer und einem kleinen Glockentürmchen. Wenn wir schon bei der Stadtbesichtigung sind, können wir noch nach Altötting schauen, das inzwischen mit Neuötting zusammengebaut ist. Der Kapellplatz im Zentrum von Altötting mit seiner Gnadenkapelle ist weit über Bayerns Grenzen hinaus bekannt. Von Altötting fahren wir über Neuötting an den Inn zurück und treffen auf der anderen Seite der Brücke wieder auf unseren Innradweg, dem wir an einigen Badeseen vorbei nach Marktl folgen. Marktl ist als Geburtsort von Papst Benedikt berühmt geworden, ein Museum erinnert an ihn. Mehr oder weniger dicht am Inn entlang führt unser Weg weiter nach Simbach, das erst 1779 eine Grenzstadt wurde, als das Innviertel von Bayern an Österreich abgetreten wurde. In seiner heutigen Form entstand Simbach erst mit dem Bau der Fernbahnlinie München–Simbach–Linz–Wien. Wer sich für Jugendstil interessiert, sollte sich unbedingt das Rathaus der Stadt in der Innstraße ansehen. Ein so reiner Jugendstilbau ist sehr selten.

Dem Inn folgend, umgehen wir mit einer kleinen Schleife die Mündung der Rott in den Inn und passieren dann Neuhaus mit seinem Schloss, das vor allem von der Innbrücke ein gutes Fotomotiv gibt. Schließlich erreichen wir Passau am Residenzplatz, das Ziel unserer Tour. Alleine für die Besichtigung dieser Drei-Flüsse-Stadt sollten wir uns mindestens noch einen Tag gönnen.

Der Wallfahrtsort Altötting mit der berühmten Gnadenkapelle liegt auf der Strecke.

Mittel 240 km 3–4 Tage

✔ Hier geht's lang

Ausgangspunkt: Kufstein

Endpunkt: Passau

Tourencharakter: Eine 240 Kilometer lange Strecke, bei der wir kaum Höhenunterschiede bewältigen müssen. Nur die Anstiege für Besichtigungsabstecher hinauf auf die alten Hochufer sind anstrengend, aber sehr lohnenswert.

Information: www.innradweg.com

Herrlich ist das Allgäu wie hier am Hegratsrieder Weiher vor den Füssener Bergen (Tour 21).

Der Westen

19

Leicht | 52 km | 180 Hm | 4.30 Std.

Von Dillingen entlang der Donau

Donauperlen

Entlang der Donau geht es über Lauingen und Gundelfingen flussabwärts. Perfekt versorgt an einer Radlertankstelle verlassen wir dann den mächtigen Strom und drehen ins Tal der Mindel ab, um schließlich von Burgau aus über schwäbisches Bauernland in die Donauebene zurückzukehren. Badespaß inklusive!

✔ Darum einzigartig

Die Donau und ihre artenreichen grünen Auen geben auf dieser Radtour den Ton an. Dazwischen besichtigen wir wunderschöne Kleinstädte, wahre Perlen am mächtigen Strom, und stoßen auf Spuren der Römer.

Durch Auwälder Wir starten am Dillinger Bahnhof und radeln, die Gleise im Rücken, auf der Bahnhofstraße nach rechts. Am Ende des Bahnhofsgeländes beginnt ein Radweg, der uns in einem Linksbogen an eine große Kreuzung bringt. Wir queren die Straße Große Allee und dann geht es für ein kurzes Stück durch den Taxispark. An seinem Ende biegen wir rechts in die Ziegelstraße ab und wenden uns an ihrem Ende links in die Mozartstraße. Nach wenigen Pedaldrehungen verlassen wir dann rechts haltend Dillingen und leicht bergab geht es hinunter in die Donauauen. Schon sind wir von dichtem Grün umgeben und queren einige Altwasserarme. Von der Donau ist weit und breit noch nichts zu sehen, trotzdem sind wir nun auf dem offiziellen Donauradweg unterwegs. Wir durchqueren den Lauinger Stadtwald und verlassen ihn bei einer kleinen Kapelle.

Lauingen und sein römischer Tempel Wenige Meter nach der Kapelle weist uns das Radwegschild »Lauingen« nach links und kurz darauf haben wir nun endlich das Donauufer erreicht. Nun geht es unter der Bundesstraße durch flussaufwärts. Unser Radweg, von mächtigen Bäumen gesäumt, gleicht einer Promenade. Nicht lange und wir sehen über dem Donauwasser schon die Türme von Lauingen, denen wir uns rasch nähern. Unweit der Donaubrücke treffen wir auf die Häuser an der Altstadtmauer. Für einen Abstecher zur Besichtigung geht es hier rechts durch einen Schlupf in der Mauer. Wir folgen einfach dem Gassengewirr, immer aufwärts und leicht rechts haltend, bis wir auf die große Herzog-Georg-Straße stoßen. Auf ihr nach links erreichen wir das Herz der Stadt, den Marktplatz rund um das Rathaus und den großen Turm der Stadtpfarrkirche St. Martin. Nach der Besichtigung folgen wir weiter der Herzog-Georg-Straße in westlicher Richtung. Sie wird zur Gundelfingerstraße und führt uns langsam aus dem Städtchen. Am großen REWE biegen wir dann nach links in die Friedrich-Ebert-Straße ein (Schild »Römische Ausgrabung«) und halten uns gleich danach rechts in die Kastellstraße. Sie endet an der

Das Dillinger Schloss war die ehemalige Residenz der Augsburger Fürstbischöfe.

Donau mit dem malerischen Lauingen vom Donauradweg

Römerstraße, der wir kurz nach links folgen, um dann rechts in die Magnus-Scheller-Straße zu radeln. Gleich wieder links und wir stehen vor dem frei zugänglichen Apollo-Granus-Tempel. Diese römischen Säulen würden wir eher in Rom vermuten, aber nicht in einem schwäbischen Wohngebiet.

Entlang der Donau zur Radlertankstelle Zurück in der Magnus-Scheller-Straße geht es nun nach links. Radwegschilder weisen den Weg und so verlassen wir Lauingen endgültig über die Felder. Kurz darauf sind wir in Echenbrunn, einem Ortsteil von Gundelfingen. In die Vorfahrtstraße biegen wir links ein und verlassen sie gleich wieder nach links in die Vogteistraße. An der Kirche und einem ehemaligen Klostergebäude vorbei überqueren wir die Brenz und biegen danach sofort rechts ab. Ein Stück begleitet uns die Brenz, dann teilt sich der Weg bei einem Industriegebiet.

Wer Gundelfingen besichtigen möchte, radelt für einen Abstecher nach rechts. Wir jedoch wollen an die Donau und biegen deshalb links in den Auwald ein. Kurvenreich passieren wir die mächtige Wotaneiche und erreichen ganz plötzlich die Donau, die hier einen großen Stausee bildet. Jetzt freuen wir uns über den Donaudamm, wir fahren direkt am Wasser entlang. Augen auf – es gibt unheimlich viel zu entdecken! Schmetterlinge, Enten, Schwäne findet man leicht, aber an einigen Stellen leben im Schilf sogar Teichrohrsänger. Langsam nähern wir uns den Türmen des Atomkraftwerkes Gundremmingen am anderen Ufer. Wir umrunden eine weitere Staustufe und freuen uns dann über den Boxenstopp an der Radlertankstelle, einem netten Imbiss mit Biergarten direkt an der Brücke nach Offingen.

Das nette Städtchen Burgau mit seinem Marienbrunnen erreichen wir mit einem Abstecher.

Ins Tal der Mindel Nach der Einkehr queren wir die Donau und radeln auf der Gundelfinger Straße nach Offingen hinein. Nach den Gleisen fahren wir links in die Steigstraße und kurz darauf queren wir nach links die Mindel. Im Zickzack geht es am Sportgelände vorbei und wir kommen an die Bahnhofstraße. Ihr folgen wir nach rechts entsprechend der Beschilderung zum Silbersee. Es geht nun in südlicher Richtung. Wir verlassen Offingen und in großen Schleifen radeln wir nun über die Felder, stets der Beschilderung folgend. An der großen einsamen Firma, dem Lüßhof wendet sich der Weg nach rechts, wir queren die Mindel und erreichen dann den Bach Kammel. Diesem folgen wir flussaufwärts, passieren einen Campingplatz und sind dann am Silbersee, der sich im Sommer für eine längere Badepause hervorragend anbietet. Ein Restaurant gibt es überdies!

Hügelige Kulturlandschaft Gleich am Ende des Sees biegen wir links ein und jetzt lotst uns die Beschilderung nach Mindelaltheim/Burgau. Erneut geht es im Zickzack völlig verkehrsberuhigt über Felder. Störche staksen über die Wiesen und wir passieren noch einige Weiher. Der Weg endet an der Bundesstraße, die wir vorsichtig queren. Geradeaus lohnt sich ein Abstecher, um das sehr reizvolle Städtchen Burgau zu besuchen. Die Altstadt liegt unterhalb des Burgauer Schlosses, auf das man am besten direkt zuhält. Für die Weiterfahrt folgen wir jedoch dem Radweg an der Bundesstraße nach links, der uns über die Mindel zu einem Kreisverkehr führt. Hier queren wir auf die linke Seite und weiter geht es auf dem Radweg nach Mindelaltheim. An der Wallfahrtskirche Heiligkreuz am Ortsrand von Mindelaltheim stoßen wir auf eine größere Straße, der wir kurz nach links folgen, um dann rechts in den »Urlesberg« einzubiegen. In die nächste Straße biegen wir sofort erneut links ein, um auf kleineren Nebenstraßen nach Dürrlauingen zu radeln. Der Weg steigt nun an, die einzige wirkliche Auffahrt des Tages! Über die Felder erreichen wir an einem Friedhof den Ortsrand von Dürrlauingen. Jetzt müssen wir aufpassen, die Stelle ist nicht beschildert. Von rechts stößt die Baumgartenstraße zu uns und wir biegen links sozusagen in ihre Verlängerung auf den Feldweg ein.

Römerspuren Jetzt sind wir auf einer Römerstraße unterwegs und schnurgerade geht es nach Norden. Dann nähern wir uns den großen Strommasten und passieren eine Römersäule. Unmittelbar danach biegen wir rechts ab und erreichen Baumgarten. Nach links folgen wir der Beschilderung nach Aislingen, das wir vorbei an abwechslungsreich kultivierten Feldern erreichen.

Mancher Wegabschnitt schlängelt sich durch die Auwälder entlang der Donau.

Jetzt sind wir zurück in der Donauebene und am Horizont sehen wir bereits die Türme von Dillingen.

Spaß an Baggerseen In Aislingen radeln wir rechts entlang der großen Hauptstraße, am Ortsende beginnt wieder ein Radweg. Wir queren das Bächlein Glött an der Breitwiesmühle und verlassen dann nach links (Schild »Klärwerk«) den Radweg. Hinter dem Klärwerk folgen wir der Glött und freuen uns über die mächtigen Bäume am Weg. Vor einem Kieswerk wendet sich der Weg nach rechts, wir queren geradeaus die Straße und erreichen die unzähligen Baggerseen, eine richtige Seenlandschaft, die durch den Abbau von Kies entstanden ist. Sie laden zur Erholung ein und man findet bestimmt ein ruhiges Plätzchen. Für die Weiterfahrt macht es unheimlich Spaß, sich seinen Weg – natürlich mit Rücksicht auf die Fußgänger – durch die Seen hindurch zu suchen. Auf schmalen Pfaden cruisen wir so nach Norden, einige wenige Schilder weisen auf Dillingen hin. Vorbei am Kieswerk hat uns der Hauptweg wieder und wir passieren den Golfclub Dillingen, der fur uns vor allem wegen seiner Nusser Alm interessant ist. Im Clubhaus können wir mit einem Abstecher einkehren. Ansonsten folgen wir dem mittlerweile asphaltierten Sträßchen. An einem auffälligen Wegkreuz biegen wir dann nach links und entscheiden uns für den Weg »Dillingen über Inselwörth«. Dafür geht es gleich wieder rechts in nördliche Richtung. Mit einem Linksschwenk queren wir schließlich am Kraftwerk Dillingen wieder die Donau und sind auf der Insel Wörth, die man aber nicht als Insel empfindet.

Ein wunderbar schmales Weglein windet sich durch den Auwald entlang der Altwasserarme. Viel zu schnell ist es vorbei und wir sind wieder in Dillingen am Georg-Schmid-Ring. Zurück zum Bahnhof folgen wir einfach dieser Straße. Aber natürlich wollen wir auch Dillingen besichtigen. Die sehr sehenswerte Altstadt liegt rechts der Straße und ist am besten durch die Kardinal-von-Waldburg-Straße zu erreichen. Am Ende weisen uns die Radwegschilder zum Bahnhof zurück.

✔ Nicht versäumen:

Dillingen, die schwäbische Perle, heben wir uns für den krönenden Abschluss der Tour auf. Die schmucke Altstadt mit ihrem Schloss und den vielen Kirchen ist in ihrer Größe gut überschaubar. Links und rechts der Königsstraße liegen die meisten Sehenswürdigkeiten.

In den Baggerseen südlich von Dillingen kann man im Sommer baden.

✔ Hier geht's lang

Ausgangs- und Endpunkt: Dillingen, Bahnhof

Tourencharakter: Relativ flache, aber längere Rundtour größtenteils auf Radwegen und kleinen Nebenstraßen. Im Bereich der Donau oft ungeteert. Wenig Schatten im Hochsommer, an heißen Tagen meiden. Badesachen und Ferngläser nicht vergessen!

Bahn: Dillingen Bahnhof

Auto: Auf der Autobahn A 8 Ausfahrt Günzburg, über die B 16 nach Dillingen. Parkplätze am Bahnhof oder rund um die Altstadt

Übernachtung: Landgasthof Zur Sonne, Wittislingerstraße 9, 89407 Dillingen OT Hausen (www. landgasthof-zur-sonne.de). Schöne Zimmer mit einer sehr guten Wirtschaft und bekanntem Biergarten

Einkehr: Mehrere Möglichkeiten unterwegs: die Radlertankstelle an der Donau, Restaurant am Silbersee, mehrere Wirtschaften in Burgau. Am Ende in Dillingen liegt das weit über die Landkreisgrenze hinaus bekannte Café Holzbock mit seinen verführerischen Backkünsten.

Information: www.dillingen-donau.de

20 ● Schwer | 60 km | 550 Hm | 4.30 Std.

Durch den Naturpark Westliche Augsburger Wälder

Walderlebnis im großen Stil

Südwestlich von Augsburg liegt der Naturpark Westliche Augsburger Wälder mit der Region Stauden. Eine herrlich ruhige und einsame Naturlandschaft, mit einem riesengroßen Waldgebiet, vielen Teichen, Lichtungen, Staudenhecken und kleinen Dörfern. Waldliebhaber kommen hier voll auf ihre Kosten. Bei diesem Walderlebnis taucht man in die Stille des Waldes ein und erlebt dessen beruhigende Wirkung besonders intensiv.

✔ Darum einzigartig

Wunderbar sind die artenreichen Wälder, durch die wir radeln. Keine reinen Fichtenpflanzungen, sondern abwechslungsreich mit Lärchen, Tannen und jeder Menge Laubbäumen. Das Spiel von Licht und Dunkel, von grünen moosbewachsenen Waldböden zu filigranen Grasbüscheln, ist einfach herrlich. Die Luft schmeckt nach Waldboden und Natur. Aber das ist noch lange nicht alles. Wir streifen auch die Naturlandschaft Stauden, die von vielen Hecken und niedrigen Büschen geprägt ist. Außerdem genießen wir das blaue Band der Wertach.

Entlang der Wertach Wir starten am Bahnhof in Inningen und radeln auf der Benediktbeurer Straße nach Westen, also weg von den Gleisen. Nach rechts biegen wir in die Hohenstaufenstraße ein, sie bringt uns leicht abwärts zur großen Bobingerstraße, der wir nach links zur Ampel folgen. Dort biegen wir rechts ein (Radwegschild »Bergheim«) und erreichen die Inninger Brücke an der Wertach. Auf einem Radweg geht es anschließend, ohne die Wertach zu queren, nach rechts. Wir bleiben in Flussnähe und genießen den schwäbischen Fluss, auf dem einige Schwäne ihre Kreise ziehen und ein paar Silberreiher auf Beutezug lauern. Die Wertach hat hier schon einen langen Weg hinter sich. Sie beginnt ihren Lauf in den Bergen bei Oberjoch und fließt dann durch das Allgäu, bis sie bei Augsburg in den Lech mündet.

Über die Wellenburg nach Anhausen Wir erreichen die Brücke bei Göggingen und diesmal queren wir den Fluss. Ein wunderschöner Radweg verläuft neben der Lindenallee, die aus gut 350 Bäumen besteht. So erreichen wir das Schloss Wellenburg mit seiner Gaststätte und den Gutsgebäuden am Rand des Naturparks Westliche Ausgburger Wälder. Das im Stil der Neugotik erbaute Schloss wird auch Fuggerschloss genannt und gehört, wie die meisten Schlösser rund um Augsburg und in Oberschwaben, dem weitverzweigten Adelsgeschlecht der berühmten Fuggerfamilie. Kurz vor dem Schloss treffen wir an der neugotischen Bildsäule das erste Mal auf das Rad-

wegsymbol »Grüne Tanne«. Zusammen mit dem klassischen grünen Radzeichen wird es uns fast die gesamte Radtour begleiten. Dieser Tanne folgend geht es für uns zwischen der Schlossgaststätte und dem Gutshof nach rechts weiter. Der Weg steigt gleich etwas an und wir radeln durch eine weitere, wenn auch kürzere Allee in den Wald hinein. Nach dem Anhauser Weiher wendet sich unser Radweg nach links und führt weiter durch den herrlichen Wald. Rechts von uns liegt der Exotenwald, der einen Abstecher wert ist. Das Areal ließ Oberforstrat Franz Ganghofer, ein Onkel des Schriftstellers Ludwig Ganghofer, ab 1880 mit exotischen Bäumen aus aller Welt bepflanzen. Die mittlerweile recht stattlichen Bäume, darunter Douglasien, Mammutbäume, Stroben oder die große Küstentanne, bekommt man normalerweise in heimischen Wäldern nie zu sehen. Leider sind sie auch im Exotenwald eingezäunt und nur im Rahmen einer Führung zugänglich. Es gibt jedoch einige Informationen und einen Lehrpfad. Auf unserem Radweg erreichen wir schließlich leicht bergab Anhausen, den Ort, der dem Tal seinen Namen verleiht. Es lohnt sich, einen Blick in die hübsche Kirche von 1716 zu werfen. Sie ist der Hl. Adelgundis geweiht, die man auf dem linken Seitenaltar bewundern kann. Der Baumeister war übrigens Hans Georg Mozart, ein – wenn auch entfernter – Verwandter von Wolfgang Amadeus Mozart.

Durch das Anhauser Tal Direkt nach der Kirche biegen wir links ein und nun geht es erst einmal in südlicher Richtung durch das liebliche Anhauser Tal. Anfangs begleitet vom Anhauser Bach radeln wir an einer Sportstätte vorbei und dann stets mit der Sonne im Gesicht über Wiesen und die weite Flur. Auch wenn wir den Bachlauf nicht mehr sehen, beginnt bald eine Kette kleiner Weiher und Teiche. Sie sind alle durch den Anlauterbach

Baum mit Kreuz bei Döpshofen

✔ Tipp:

Die Tour lässt sich verkürzen. Dafür radelt man von Burgwalden nicht über den Galgenberg, sondern bleibt geradeaus im Anhauser Tal, um dann über Reinhartshausen und Hardt nach Reinhardtshofen zu radeln. Von dort erfolgt der Rückweg wie beschrieben entlang der Wertach.

miteinander verbunden, perfekt für die Fischzucht, aber auch ein idealer Platz für Libellen, Frösche, Lurche und für den Biber. Der Wasserreichtum lockt auch seltene Vögel an. Ein wunderbarer Wegabschnitt, für den wir uns gerne etwas Zeit lassen. Sobald wir den Golfplatz erreichen, ist es nicht mehr weit nach Burgwalden mit seiner einladenden Waldgaststätte, der kleinen Kirche und dem Schloss. Jetzt ist vielleicht schon Zeit für eine erste Rast.

Über den Galgenberg und die Scheppacher Kapelle nach Döpshofen Danach folgen wir dem Radweg noch ein Stück in südlicher Richtung und biegen dann rechts, der »Grünen Tanne« folgend, in den Wald hinein. Leicht aufwärts passieren wir die Stelle des historischen Galgenbergs. Dichter Wald und Lichtungen, die von frischen Baumfällungen stammen, wechseln sich nun ab. Eine größere Forststraße queren wir und stehen bald vor der Scheppacherkapelle, die völlig einsam mitten im Wald um 1601 vom Kloster Oberschönenfeld erbaut wurde. Nach der Kapelle führt der Weg schon wieder bergab, hier sollten wir etwas vorsichtig fahren. Dann verlassen wir den Wald und rollen direkt über Wiesen nach Döpshofen hinein.

Durch die Stauden In Döpshofen geht es vor der Kirche St. Martin nach links leicht aufwärts und so verlassen wir den Ort. Jetzt liegt eine wunderbare Wegstrecke vor uns. Zwischen einer langen Baumreihe gewinnen wir etwas an Höhe. Dazwischen blicken wir immer wieder über die Felder auf viele kleine Baumgruppen, Gebüsche, Hecken und auf Stauden, von denen die gesamte Gegend ihren Namen erhalten hat. Nach der Baumreihe biegen wir rechts in den Wald ein, nicht lange, denn an einem Weiher vorbei erreichen wir nach der langen Linkskurve Itzlishofen. Geradeaus geht es durch das Dorf, an der Rastbank mit dem Bildstock biegen wir links ab und nun steht eine etwas längere gerade Auffahrt an. Oben biegen wir rechts ein und dann geht es lange im Zickzack durch den immer dichter werdenden Wald. Die Radwegschilder sind perfekt angebracht, wir müssen ihnen nur wie bei einer Schnitzeljagd folgen. Einmal queren wir eine Autostraße, danach verlassen wir den Wald nach links und radeln um einen Reithof herum nach Birkach hinunter.

Fischteiche im Anhauser Tal

Über Reinhartshofen an die Wertach In Birkach geht es an der Hauptstraße nach rechts, am Ortsende beginnen zwei Radwege. Einer führt parallel zur Autostraße, der ist uns jedoch zu langweilig. Deshalb wählen wir den Radweg nach rechts, der kurz darauf in einer langen Linkskurve die gleiche Richtung nimmt und dabei wieder durch eine weite Feld- und Staudenlandschaft führt. Beide Radwege treffen an einer größeren Kreuzung zusammen. Wir queren die Straße und halten uns dann links, Richtung Klimmach. Bevor wir das bereits sichtbare Dorf erreichen, führt uns die »Tanne« wieder nach rechts in den Wald hinein. Jetzt sind wir schon wieder deutlich in östlicher Richtung unterwegs. Schließlich erreichen wir ganz unvermittelt in einem Buchenwald das einstige Hochufer der Wertach. Zwischen den Bäumen blicken wir auf die weite Flussebene hinunter. Ab hier wendet sich der Weg wieder nach Norden. Kurz darauf passieren wir das Schloss Guggenberg mit seinem auffälligen Türmchen. Dann stoßen wir unweit von Reinhardtshofen auf eine Straße. Jetzt verlassen wir das Symbol »Grüne Tanne«, denn für den Rest der Tour wollen wir lieber noch etwas Sonne tanken und die Wertach erleben. Dafür biegen wir rechts ein und radeln auf einem Radweg parallel zur Straße bergab in die Ebene. An einer Streuobstwiese verlassen wir den Wald endgültig. Über die Felder erreichen wir die Wertach bei Großaitingen. Wir queren den Fluss auf seine östliche Seite und nun geben die Radwegbeschilderung »Wertach erleben« und der Fluss selbst die Richtung nach Norden vor.

Knorrige Bäume säumen unseren Weg im Anhauser Tal bei Burgwalden.

Flusslandschaft Nach dem Stauwerk verlassen wir die Wertach ein Stück, dann geht es zurück an das Wasser. Weiter flussabwärts passieren wir die Tennisanlage von Wehringen und erreichen das griechische Gasthaus Auenstüberl. An der Brücke bleiben wir auf unserer Uferseite und sind nicht viel später am nächsten Stauwerk bei Bobingen. Danach radeln wir unter den nächsten beiden Brücken hindurch und genießen den feuchten Auenwald der Wertach. Kurz darauf passieren wir das Klinikum Bobingen und umrunden den kleinen aufgestauten Wertachsee mit seiner Vogelinsel. Hier ist ein besonders guter Platz, um die Vogelwelt sowohl auf dem Wasser als auch an Land zu beobachten. Wieder passieren wir ein Stauwerk, dahinter wechselt die Wertach ihr Gesicht, je nach Wasserstand sind ein paar Kiesbänke freigelegt. Jetzt dauert es nicht mehr lange und ganz plötzlich stehen wir wieder an der Brücke, die wir vom Hinweg bereits kennen. Wir sind wieder am Ortsrand von Inningen und nach rechts geht es auf dem gleichen Weg zurück zum Bahnhof, unserem Ausgangspunkt.

✔ Nicht versäumen:

Mit einem kleinen Umweg über Gessertshausen können wir die Abtei der Zisterzienserinnen Oberschönenfeld besuchen. Nicht nur die prächtige, im Stil des Rokoko dekorierte Klosterkirche ist einen Besuch wert, sondern auch das Volkskundemuseum Oberschönenfeld, das uns das tägliche Leben in Schwaben vor Augen führt. Das Klosterstüble verleitet dazu, jetzt schon eine Pause einzulegen.

Das typische Landschaftsbild der Stauden: Felder, Hecken und kleine Baumgruppen wechseln sich ab.

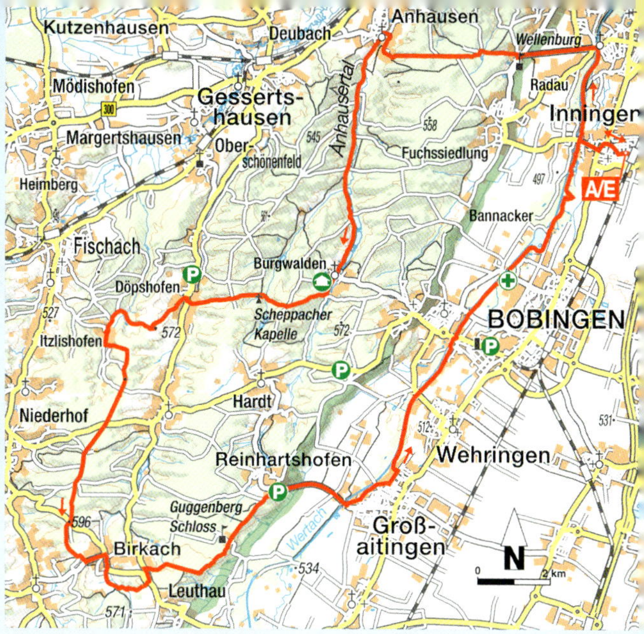

✔ Hier geht's lang

Ausgangs- und Endpunkt: Bahnhof Inningen

Tourencharakter: Lange und deswegen anstrengende Rundtour mit vielen kleinen, aber kurzen Steigungen. Der Bodenbelag ist fast immer gut befestigt, aber nicht geteert und deswegen manchmal etwas holprig. Die Strecke führt fast ausschließlich durch den Wald, sehr angenehm im Sommer. Sehr gutes Trekkingrad oder Mountainbike sind nötig, am besten ist ein E-Bike, Lademöglichkeit: Gasthaus Grüner Baum in Reinhartshofen und Am Auenstüble an der Wertach. Die Tour ist gut mit dem Symbol »Grüne Tanne« ausgeschildert.

Bahn: Mit dem Zug direkt bis Inningen

Auto: Auf der B17 Ausfahrt Haunstetten/Inningen. Weiter nach Inningen: einige wenige Parkplätze am kleinen Bahnhof in der Benediktbeurer Straße. Ansonsten gibt es auch eine gute Parkmöglichkeit an der Inninger Brücke über die Wertach.

Übernachtung: In Reinhartshofen gibt es das Gasthaus Donderer Grüner Baum. Der Familienbetrieb bietet schlichte, aber moderne Zimmer an. Besonders beliebt sind auch die gut bürgerliche Küche und der Biergarten (www.gasthaus-donderer.de).

Einkehr: Unterwegs gibt es ein paar Einkehrmöglichkeiten: Die Waldgaststätte Anhauser Tal ist ein italienisches Restaurant und liegt bei Anhausen (Montag Ruhetag) am Beginn des Tals. Perfekt, fast zur Halbzeit der Streckenlänge, liegt das Gut Walden in Burgwalden. Nicht nur der nette Gastgarten ist einladend, die Speisekarte verführt definitiv.

Information: www.naturpark-augsburg.de

21 Leicht | 34 km | 300 Hm | 3.30 Std.

Um den Forggensee

Im Land des Märchenkönigs

So wie wir auf dieser Radrunde hat der Märchenkönig Ludwig II. sein Land nie gesehen, denn damals gab es den Forggensee noch nicht. Aber wenn er gewusst hätte, wie harmonisch und natürlich er sich in die Ostallgäuer Landschaft einfügt, dann hätte er ihn sicherlich erfunden und bauen lassen. Landschaftlich ist dies nämlich kaum zu toppen.

✓ Darum einzigartig

Der Forggensee, der eigentlich kein natürlicher See, sondern der aufgestaute Lech ist, prägt zusammen mit den Allgäuer Bergen diese herrliche Radtour. Herrlich sind auch die vielen grünen Höhenrücken, die Drumlin genannt werden. Sie sind ein Überbleibsel des Lechgletschers aus der letzten Eiszeit. Ihre Wiesen werfen sich im Frühjahr in ein gigantisches Blütenkleid. Zusammen mit dem Glitzern des Wassers sorgt diese einzigartige Prachtkulisse für jede Menge Glücksmomente.

Füssen und der Lech Wir wollen den Forggensee gegen den Uhrzeigersinn umrunden. Das hat den Vorteil, dass die Einkehrmöglichkeiten in der zweiten Hälfte der Runde liegen. Aber sicherlich ist die andere Richtung auch möglich. Wir starten am Bahnhof in Füssen, und radeln auf der Bahnhofstraße nach Osten in Richtung Altstadt. Am großen Kreisverkehr geht es geradeaus in die Straße am Kaiser-Maximilian-Platz, die dann zur Sebastianstraße wird. So passieren wir die Altstadt, deren Besichtigung wir auf das Ende der Tour verschieben. An der alten Stadtmauer beginnt ein Radweg zum Lech. Dort fahren wir nicht über den Lechsteg, sondern unterqueren die große Autostraße nach links und radeln minimal lechabwärts zum Stauwerk. Hier überqueren wir den Lech und biegen dann links in den Forchenweg ein. Nun geht es stets der Radwegbeschilderung »Forggenseerunde« bzw. »Waltenhofen« nach.

Ostufer Über Horn erreichen wir Waltenhofen und das Ostufer des Sees. Direkt nach Waltenhofen teilt sich der Weg. Ganz links, der schönste Weg, der direkt am Ufer entlangführt, ist leider nur für Fußgänger freigegeben. Ansonsten können wir einen der beiden anderen wählen, sie führen beide nach Brunnen, wo wir dann rechts abbiegen. Ein letzter Blick zurück zum Schloss Neuschwanstein lohnt sich, denn wir radeln links über die Mühlberger Ach und damit weiter gegen Norden. Jetzt wird es hügelig und unser Radweg steigt an. Die sanft hügeligen Blumenwiesen rechts und links von uns entschädigen uns für die Mühe. Eine erste Pause gönnen wir uns, wenn wir den idyllischen Hegratsrieder Weiher erreichen. Er lädt zum Baden ein, aber auch um einen genaueren Blick auf seine

Am Forggensee bei Füssen

artenreichen und geschützten Uferbereiche zu werfen. Gerade am nördlichen Ende, wo der kleine Bach in den See mäandert, wachsen im Frühjahr unendlich viele Mehlprimeln, Enziane und Sumpfdotterblumen. Ein Biotop auf kleinstem Raum. Da fällt es schwer, Abschied zu nehmen, aber weiter geht es nach Norden, dabei müssen wir unseren Muskeln noch einmal etwas zumuten. Aufwärts geht es über Greith, bis wir an die große Straße bei Rauhenbichl stoßen. Die Anstrengung wird uns jedoch mit immensen Ausblicken versüßt, so schön, dass wir uns sogar richtig Zeit lassen.

Nordspange am Illasbergsee In Rauhenbichl folgen wir dem Radweg nach links. Gleich hinter Kniebis heißt es bremsen, denn wir rollen die vorher gewonnenen Höhenmeter mit gewaltigem Schwung wieder abwärts und erreichen so den Illasbergsee. Der See ist eigentlich nur eine Bucht, denn er ist an einer Engstelle mit dem Forggensee verbunden. Ein großes Badegelände mit Liegewiesen und Kiosk zeigen, wie gut man hier im Sommer ins Wasser springen kann. Dahinter steigt der Radweg wieder an und wir erreichen einen der schönsten Aussichtspunkte am Forggensee. Rund um den Panorama-Stadl blickt man über das Wasser auf die nahen Allgäuer Berge und fühlt sich wahrlich königlich – sogar noch besser, denn definitiv hat König Ludwig II. da was versäumt. Wir reißen uns los und rollen hinunter zum Kraftwerk Roßhaupten, wo der Lech den Forggensee wieder verlässt. Vorbei an den Römerstelen, die auf die alte römische Straße Via Claudia aufmerksam machen, geht es an den Ortsrand von Roßhaupten.

Bei Buching am Forggensee-Rundweg

Westufer Noch vor der großen B16 biegen wir links in den Radweg ein, der uns nun in südlicher Richtung zurückführt. Bald queren wir auf der Tiefentalbrücke den Bernmoosbach, wobei Einheimische auch Drachenschlucht dazu sagen. Kurz nach der Brücke biegen wir links ein, wir wollen nicht der B16 auf dem Radweg folgen, sondern näher am Wasser fahren. So erreichen wir Dietringen mit seinem netten Café Ulli. Über Wiesen fahren wir weiter nach Süden, wobei wir den See etwas verlassen und uns an der Wegegabelung rechts halten. An der T-Kreuzung geht es aber schon wieder links und gleich wieder rechts. Als Nächstes erreichen wir Osterreinen, und wenn wir aus dem Ort radeln, sind wir wieder in Seenähe. Abwärts geht es hinunter zum Café Maria und dann malerisch am Uferweg weiter. Viel zu schnell erreichen wir die ersten Häuser in Ehrwang. Mit einem Schlenker unter der Autostraße hindurch besuchen wir das große Festspielhaus Neuschwanstein, in dem u. a. das Musical »König Ludwig« aufgeführt wird. Am Ende der großen Parkanlage halten wir uns links und fahren dann in der langen Weidachstraße, die ganz zum Schluss zur Hochstiftstraße wird, nach Füssen hinein. Wir erreichen die Altstadt wieder an der Stadtmauer, nach rechts geht es zum Bahnhof zurück. Zuvor lohnt es sich, die Räder abzustellen und durch die Gassen zu bummeln. Füssen besitzt ein ganz eigenes Flair mit einem äußerst quirligen Zentrum.

✔ Nicht versäumen:

Füssen gehört unbedingt besichtigt. Vor 2000 Jahren war die Stadt ein Militärlager, mit dem die Römer vom Schlossberg aus ihre Via Claudia Augusta, die wichtigste Handelsstraße zwischen Nord und Süd, kontrollierten. Und diese Via Claudia gibt es in Füssen heute noch. Es ist die Reichenstraße, das Zentrum und die gute Stube der Stadt. Sie liegt unter dem Hohen Schloss, das sich die Augsburger Ende des 15. Jahrhunderts gebaut hatten. Heute beherbergt es ein Zweigmuseum der Bayerischen Staatsgemäldesammlung. Sehenswert ist außerdem das alte Kloster St. Mang, das in seinen Wurzeln bis in die Zeit um 750 zurückreicht.

Füssen ist eine lebendige, quirlige Stadt am Fuße der Berge.

✔ Hier geht's lang

Ausgangs- und Endpunkt: Füssen, Bahnhof

Tourencharakter: Hügelige und sehr sonnige Rundtour größtenteils auf Rad- und Feldwegen und kleinen Nebenstraßen. Einige Anstiege sind zu meistern. Am Wochenende stark frequentiert. Badesachen nicht vergessen!

Bahn: Füssen Bahnhof

Auto: Auf der Autobahn A 7 Ausfahrt Füssen oder über die B 16 nach Füssen. Wenige Parkplätze am Bahnhof, am besten am Eisstadion in der Kemptner Straße parken

Übernachtung: Das Seehotel Schnöller am Westufer in traumhafter Lage bietet auch Apartments (www.seehotel-allgaeu.de). Das Hotel Gasthof am See in Waltenhofen am Ostufer (www.hotel-schwangau.de) bietet einen der schönsten Plätze für einen Sonnenuntergang vom Bett aus.

Einkehr: Mehrere Möglichkeiten unterwegs: Aussichtsreich sind der Panorama-Stadl über dem Illasbergsee, Ullis Café am Seehotel Schnöller bei Rieden oder das Café Maria, das direkt am Wasser liegt.

Information: www.fuessen.de

22 ● Mittel | 34 km | 400 Hm | 3 Std.

Von Pfronten ins Thannheimer Tal

Grenzenlos durch Bergtäler

Grenzenlos sind wir zwischen Bayern und Österreich unterwegs, das Beste aus beiden Regionen. Begleitet von den beiden Gebirgsbächen Ach und Vils, umgeben von einer gigantischen Bergwelt und umringt von üppig blühenden Almwiesen radeln wir von Pfronten ins Thannheimer Tal mit seinen vielen romantischen Dörfern.

✔ Darum einzigartig

Die schönste Jahreszeit für diese Radtour ist Anfang Juni. Dann stehen die vielen Almwiesen voll in ihrer Blüte. Die Bergbauern im Thannheimer- und Achental lassen den Wiesenblumen Zeit zum Wachsen. So sind besonders die Blüten auf den Feuchtwiesen eine wahre Augenweide. Gelb, lila, rosa und weiß wiegen sich die Blütenstände im Wind. Dazwischen filigrane Gräser und Dolden in unzähligen Formen. Ein wunderschönes vielfältiges Farbenspiel, das die Natur anscheinend völlig willkürlich für uns zusammengestellt hat.

Entlang der Ache Wir starten am Eisstadion in Pfronten in der Frühlingsstraße. Wer mit dem Auto gekommen ist, radelt retour, wie er zum Eisstadion gelangt ist: nämlich durch den Adolf-Haff-Weg zur großen Tiroler Straße. Dieser folgen wir in südlicher Richtung und biegen kurz darauf am Alpenhotel Krone rechts in den Kienbergweg ein. Vorbei am Dorfweiher folgen wir der Kienbergstraße und queren am Pfrontner Ortsende die Achtalstraße geradeaus in den Radweg. Schon sind wir mitten im Grünen und folgen der Beschilderung nach Grän entlang der kleinen Steinacher Ache. Angenehm ruhig plätschert der Fluss neben uns über kleine Steinkaskaden und schnell erreichen wir die Fallmühle mit ihrem Gasthaus. Auch wenn die Einkehr in das hübsche und liebevoll dekorierte Gasthaus lockt, müssen wir erst noch ein bisschen Strecke machen. So folgen wir hinter dem Gasthaus dem leicht ansteigenden Weg in den Wald hinein und bleiben der Ache treu, die nun schon deutlich wilder ihren Anspruch auf einen Bergbach geltend macht. Es handelt sich jedoch nur um ein Zwischenspiel. Schon geht es wieder deutlich sanfter und für uns nur noch leicht ansteigend an ihrem Ufer entlang. Langsam weitet sich das Tal und wir genießen die traumhaften Ausblicke auf den Aggenstein und die nahen Thannheimer Berge. Umgeben von herrlich blühenden Almwiesen stören wir uns dann auch nicht am Verlust des Bergbaches, der am Fuße der Berge weiter fließt. Kurz vor der Staatsgrenze endet unser Radweg, wir radeln auf der kleinen Nebenstraße weiter. Vorsichtig geht es über ein Viehgitter und wir sind im Alpgebiet des Engetals unterwegs. Kühe kreuzen die Fahrbahn und mit ihnen einige Fliegen.

Die Kalbelehof Alpe im Vilstal ist ein idealer Radler-Rastplatz.

Also besser »Mund zu«, was uns im Angesicht der schönen Landschaft sicherlich schwerfällt. Dann steigt die Straße noch einmal etwas steiler an und am alten Zollhaus, der »Enge«, geht es hinüber ins Thannheimer Tal.

Wiesenwege im Thannheimer Tal Der Übergang von einem Tal zum nächsten gleicht einer Panoramaschau. Kaum sind wir im Thannheimer Tal, ändern sich die Berge und damit die ganze Kulisse. Beeindruckend liegen nun die Lechtaler und Allgäuer Alpen vor uns. Kurz bevor wir Grän erreichen, biegen wir hinter der Kapelle rechts in den Feldweg ein. Wieder umringt von satten feuchten Blumenwiesen, erreichen wir auf einem Panoramaweg Innergschwend. Nach dem Gasthaus Beim Öfner und der nächsten Kapelle halten wir uns rechts und erreichen den Weiler Berg. Diesen durchqueren wir ohne nennenswerten Höhenverlust immer in ursprünglicher Fahrtrichtung (Schild »Zöblern«) Kurz hinter dem Ort passieren wir die malerische Kapelle St. Leonhard und anschließend ein kleines Gewerbegebiet. Unmittelbar nach den letzten Häusern biegen wir links ein und stehen an der Vils. Diese überqueren wir nach wenigen Metern und unterqueren gleich darauf die Autostraße. Nun folgen wir der Beschilderung nach Schattwald, die uns bald wieder auf die andere Seite der Vils lotst. Vorbei an einigen Fischweihern, halten wir auf unserem Flussradweg Abstand zu den Orten Zöbeln und Schattwald, wobei beide einen kleinen Abstecher wert wären. Vor allem in Schattwald lohnt sich im Sommer ein Stopp am Moorbad Floschen. Nach dem großen Parkplatz des Rohnenliftes queren wir die Autostraße erneut und bleiben zunächst noch der Vils treu.

Blumenwiesen im Achental bei Pfronten, mit Aggenstein

Im Ortsteil Kappl biegen wir dann jedoch nach rechts aufwärts ein und halten uns gleich wieder links. So verlassen wir das Thannheimer Tal und Kappl und der einzige wirkliche Anstieg steht uns bevor.

Einsam durch das Vilstal Für die Strecke hoch über dem Vilsfall und der Vilsschlucht müssen wir etwas an Höhe gewinnen. Das kurze Stück lässt sich aber auch schieben und verläuft zum Glück angenehm schattig im Wald. Kaum haben wir diesen verlassen, geht es auch schon wieder bergab und das ganz schön flockig. Also besser die Bremsen prüfen und Abstand zum Vordermann lassen! Immer dem Hauptweg folgend, rollen wir über ein paar Kurven hinunter zur Vils, auf die wir an einem wunderschönen Almboden treffen. Nun ist es auch nicht mehr weit zur bereits sichtbaren Alpe Kalbelehof, wo wir uns eine Einkehr verdient haben. Ab hier ist der weitere Wegverlauf einfach, auch wenn er noch lange nicht vorbei ist. Stets der Vils folgend geht es über die Staatsgrenze wieder nach Bayern. Vorbei am Gasthaus Vilstalsäge, unser vorerst letzten Einkehrmöglichkeit, geht es im Auf und Ab nach Pfronten zurück. Dort queren wir gleich am Ortsanfang die Vils und folgen dann dem Rad- und Fußweg durch den Kurpark zum Eisstadion zurück.

✔ Nicht versäumen:

In völliger Alleinlage, unweit der wildromantischen Vils, liegt die Alpe Kalbelehof auf einer Almwiese direkt an der Radstrecke. Mitten in der Natur, umgeben von Bergen, werden dort leckere Brotzeiten und hausgemachte Kuchen serviert. Ein wirklich traumhaft schöner Rastplatz, der nur mit dem Fahrrad oder zu Fuß erreichbar ist. Nur von Juni bis September geöffnet!

Grenzüberschreitend geht es nach Österreich ins Thannheimer Tal.

Hier geht's lang

Ausgangs- und Endpunkt: Pfronten, Eisstadion

Tourencharakter: Rundtour auf Nebenstraßen und Radwegen mit einigen ungeteerten Wegabschnitten. Die Höhenmeter sind bis auf einen kleinen steileren Anstieg kaum spürbar über die ganze Strecke verteilt.

Bahn: Mit der Bahn bis zum Bahnhof Pfronten-Ried; von dort auf der B310 Richtung Süden bis zur Abzweigung zur Eishalle am Adolf-Haff-Weg.

Auto: Über die A7 bis Ausfahrt Oy-Mittelberg, weiter auf der B309 oder über München auf die B17 bis Füssen und weiter auf der B310 nach Pfronten. Durch Pfronten weiter auf der B309 bleibend in Richtung Breitenbergbahn, dann aber ein Stück nach der Vilsbrücke rechts in den Adolf-Haff-Weg einbiegen. Die Frühlingsstraße bringt uns nach rechts zum Stadion und zu den Parkplätzen.

Übernachtung: Ein wirklich exklusives 1-Zimmer-Apartment liegt im Ortsteil Röfleuten bei Pfronten. Modernes geschmackvolles Ambiente und gehobene Ausstattung sorgen für einen Wohlfühlaufenthalt. Für Zwei Personen sehr zu empfehlen (www.vitallgaeu.de).

Einkehr: Einige Möglichkeiten im Thannheimer Tal wie der Kiosk Haxlstopp bei Grän oder Beim Öfner in Innergschwend. Im Sommer ist die beste Einkehr sicherlich die Alpe Kalbelehof an der Vils.

Information: www.pfronten.de

23 ● Schwer | 47 km | 800 Hm | 4.30 Std.

Rund um den Alpsee

Große Rundtour mit Allgäu-Highlights

Neben dem Forggensee gehört der Große Alpsee zu den größten Wasserflächen des Allgäus. Er ist auf seiner Südseite umrahmt von hohen Bergen und auf seiner Nordseite von einem weitläufigen Hügelsystem, das auch respektable Höhen aufweist. Zwangsläufig hat so eine ausgedehnte Rundfahrt sportlichen Charakter, was jedoch in Anbetracht der zu erwartenden landschaftlichen Schönheit jede Mühe wert ist.

✔ Darum einzigartig

Mit einzigartigen Aussichten auf den Naturpark Nagelfluhkette sowie zu den Schweizer Bergen werden wir für die Auffahrten bei dieser Tour belohnt. Aber nur so haben wir die Möglichkeit, auch zwei Alpen zu besuchen, so nennt man im Allgäu Almen. Das ist fast, als wären wir direkt am Berg. Nebenbei liegen auch noch die hübschen Orte Immenstadt und Oberstaufen am Weg, abgesehen von der spätgotischen Kirche in Zell und so manchen Allgäuer Einkehrfreuden.

Zum Großen Alpsee Wir starten am Bahnhof in Immenstadt und folgen der Bahnhofstraße nach links. Geradeaus über den großen Kreisverkehr biegen wir rechts in den Badweg ein und folgen der Radwegbeschilderung zum Alpsee. Dafür radeln wir bald entlang der Gleise, passieren den Kleinen Alpsee und dann geht es entlang der Konstanzer Alp zum Alpsee. Links bietet sich für wenige Meter der Abstecher zum AlpSeeHaus an. Darin befindet sich das Informationszentrum des Naturparks Nagelfluhkette. Es gibt ein kleines Café und einen Hofladen, wo wir uns noch mit einer Brotzeit für ein Picknick eindecken können. Die Uferbereiche des Alpsees merken wir uns für den Rückweg vor, denn am Ende der Tour werden wir wieder hier landen.

Die erste Hügelhürde Ohne Abstecher wenden wir uns an der Brücke über die Konstanzer Ache mit der Figur des Hl. Nepomuk nach rechts. Wir queren die Gleise und radeln leicht ansteigend in den Ortsteil Hub hinein. Wir queren die Staatsstraße mithilfe einer Unterführung und biegen dahinter links ab. Nun steht gleich die erste und längere Auffahrt bevor. Wir folgen der Beschilderung nach Zaumberg/Missen auf einem zum Teil schmalen Wiesenpfad, der uns jedoch sicher aufwärtsbringt. Einmal müssen wir dabei auf die andere Straßenseite wechseln. Die wunderbaren und weiten Aussichten über den See entschädigen die Atemlosigkeit. An einem einsamen Haus können wir dann nach links auf eine kleinere geteerte Straße einbiegen, die uns zum Weiler Zaumberg bringt. Hier haben wir uns für eine spannendere, wenn auch schwieriger zu befahrende Wegstrecke entschieden, denn wir versuchen gerne Autostraßen zu vermeiden. Dieses Teilstück ist jedoch für E-Bike-

Der Alpsee ist einer der schönsten Seen im Allgäu.

Fahrer nicht geeignet, bremsen uns doch zwei Viehsperren aus, zu deren Überwindung das Rad hochgehoben werden muss. Wem das zu schwer ist, der folgt einfach in Zaumberg der Straße in nördliche Richtung und stößt so wieder auf die größere Staatsstraße, auf der es links nach Missen weitergeht.

Die Abenteuerlustigen unter uns, die auch ein paar zusätzliche Höhenmeter nicht scheuen, wenden sich in Zaumberg nach links und wählen an den letzten Häusern rechts den aufwärtsführenden Forstweg, der Beschilderung »Pfarralpe/Siedelalpe/Missen« folgend. Zum Glück spenden die Bäume Schatten, denn es wird uns kaum eine Verschnaufpause gegönnt. Trotz des steinigen Untergrundes kommen wir gut voran und erhaschen auch

In der Allgäuer Küche wird gerne Bergkäse verwendet, so gibt es im Thalkirchdorfer Dorfhaus Käseschnitzel.

einen ersten Blick über den See. Schließlich wird es etwas flacher und wir erreichen die ersten Almwiesen, die hier im Allgäu natürlich Alpwiesen heißen. Wir queren sie durch Viehsperren, die als Wippe zum Einsatz kommen. Dann führt der Weg in Sichtweite zur Siedelalpe leicht abwärts zu einer größeren querenden Alpstraße. Wer möchte, kann natürlich die Siedelalpe ansteuern und sich gleich einmal eine zünftige Bergbrotzeit schmecken lassen. Ansonsten biegen wir rechts auf die Alpstraße ein, lassen somit die Siedelalpe links liegen, und schon führt der Weg abwärts, bis auch wir am Schlettenmoos auf die große Autostraße treffen. Nun können wir ihr nicht mehr ausweichen, aber zum Glück geht es nach links meist flott bergab und wir erreichen schnell Missen-Willhams.

Hier wurde 1807 Carl Hirnbein geboren. Er war nicht nur ein Agrarreformer, sondern ein Pionier in der touristischen Entwicklung des Allgäus. Durch seine Ideen und Reformen verwandelte er das »flachsblaue Allgäu« der Leinenhersteller in das »grüne Allgäu« der Milchwirtschaft und Käseproduktion. Wer mehr über sein Leben und sein Wirken erfahren möchte, besucht das Carl-Hirnbein-Museum im Gemeindeamt. Dagegen können wir ganz weltliche Gelüste im Schäffler Bräu an der Hauptstraße befriedigen. Wer Hunger und Durst hat, ist hier perfekt aufgehoben.

Mehr Höhenmeter Auf der Hauptstraße geht es für uns dann durch Missen und wir biegen nach dem Museum links in die ansteigende Straße nach Wiedenhofen ein. Aus dem Tal betrachtet schrecken die Serpentinen ab, aber versprochen, die angeblichen 20 Prozent Steigung haben wir hier wirklich nicht vorgefunden! Stattdessen wird die Aussicht auf Missen und den sich dahinter emporreckenden Hauchenberg immer schöner und ehe man es sich versieht, haben wir schon den Scheitelpunkt in Wiedenhofen erreicht. Unser nächstes Ziel ist Geratsried, Radwegschilder weisen den Weg. Jetzt müssen wir uns nicht anstrengen. Leicht bergab führt der Weg an einer alten Eschenbaumreihe entlang, links haben wir weite Sicht über die einzelnen Alphöfe hinauf zur Thaler und Salmaser Höhe, die sich als Berg zwischen uns und dem Alpsee entpuppen. In Geratsried endet die für den öffentlichen Verkehr freigegebene Straße. Wir erfreuen uns weiterhin an dem Sträßchen, das obendrein immer noch abwärtsführt. Unten queren wir die Jugetach und schon steigt der Weg bis zur Roten Heidealpe wieder an. Weidegatter bremsen uns ein wenig aus. Bitte unbedingt immer wieder schließen, denn sonst haben die Alperer große Mühe, ihre Kühe wieder einzufangen.

Das Heimatmuseum Beim Strumpfar mit seinem Bauerngarten befindet sich in Oberstaufen.

Grandiose Fernsicht Wenige Meter hinter der Roten Heidealpe erreichen wir dann an einem Wanderparkplatz den wohl schönsten Aussichtpunkt der Rundfahrt. Der Blick reicht weit nach Westen hinein in die Schweizer und Österreichische Bergwelt. Kein Wunder, dass sich von hier so viele Wanderer auf den Weg hinauf zur Kalzhofner Höhe machen, wo die Fernsicht noch um ein vieles besser sein soll!

Kunstschatz von Zell Für uns ist hier der anstrengendste Teil der Strecke geschafft. Es geht flott weiter und wir rollen über Mutten, vorbei an vielen blumengeschmückten alten Allgäuer Bauernhäusern, abwärts bis zur Bahnstrecke. Hier halten wir uns links, überqueren jedoch nicht die Schienen, sondern wählen den schmalen Fuß- und Radweg, der steil die Böschung hinaufführt. Dann geht es wieder eben weiter direkt in den Weiler Zell, wo wir unbedingt eine kulturelle Verschnaufpause an der kleinen St.-Bartholomäus-Kirche einlegen sollten. Das Kirchlein mit seinem spitzen Turm ist ein kunsthistorisches Kleinod, wie man es nur selten findet. Die Innenwände sind völlig mit Fresken aus dem späten 15. Jh. bedeckt. Drei gotische Altäre bester Qualität zeugen von der hoch entwickelten Schnitzkunst dieser Zeit.

Oberstaufen Weiter geht es entlang des Golfplatzes nach Buflings, ebenfalls ein Ortsteil von Oberstaufen, in dem sich schon die ganze Bandbreite an Hotels, Ferienwohnungen und Restaurants eines typischen Allgäuer Touristenortes wiederfindet. Wer die Runde abkürzen möchte, folgt links der Straße direkt nach Kalzhofen. Alle anderen radeln rechts und erreichen auf dem Radweg parallel zur Isnyer Straße Oberstaufen. Um ins Zentrum zu gelangen, queren wir die Gleise, passieren den Kurort und halten einfach auf den Kirchturm zu. Jetzt ist sicherlich Zeit für eine weitere Pause und ein wenig flanieren.

Nach Thalkirchdorf entlang der Konstanzer Ach Danach radeln wir von der Kirche in Oberstaufen links in die Bahnhofstraße und wenden uns noch vor den Gleisen erneut nach links. Am nächsten Bahnübergang geht es dann rechts in die Kalzhofer Straße. Dort liegt das kleine Museumsgelände (siehe Kasten). Wir verlassen Oberstaufen auf der Kalzhofer Straße und erreichen nach der Grundschule den Ortsteil Kalzhofen. Hier setzen wir unsere Fahrt nach rechts fort und wir folgen nun der Beschilderung nach Immenstadt. Bergab rollend passieren wir den bewaldeten, frei stehenden Berg Staufen und rollen unter der Eisenbahn hindurch zum großen Kreisverkehr an der B 308. Für ein großartiges Finale folgen wir nun nicht links dem Schild nach Immenstadt, sondern queren geradeaus den Kreisverkehr zum Parkplatz an der Hündlebahn. Geradeaus über dem Parkplatz beginnt dann nach links ein herrlicher Weg, der mit einigem Zickzack entlang der Konstanzer Ache nach Osten führt. So sind wir schnell in Thalkirchdorf. Wer sich seinen Hunger bis hierher aufgespart hat, dem empfehlen wir eine Einkehr im Thalkirchner Dorfhaus. Nachdem wir uns den kleinen Ort mit seinen vielen mit Blumen geschmückten alten Holzhäusern und die nette barocke Johanneskirche angesehen haben, machen wir uns auf die letzte Etappe.

Schlussspurt über den Großen Alpsee Wir biegen vor dem Restaurant Dorfhaus links in die Kirchdorfer Straße und radeln durch die Unterführung auf die andere Seite der Bundesstraße. Hier geht es nun den Radwegschildern nach Immenstadt folgend nach rechts stets entlang der Bahnlinie, die wir einige Male queren. So erreichen wir die für den Verkehr gesperrte Nordseite des Großen Alpsees. Mit traumhaften Seeblicken radeln wir nun über Trieblings immer am Ufer entlang zurück bis zum AlpSeeHaus. Jetzt ist noch eine kleine Pause am See angenehm. Die große Uferpromenade und der lange Steg laden zum Verweilen ein. Im Sommer kann man hier natürlich auch gut schwimmen. Das letzte Stück zurück zum Bahnhof nach Immenstadt führt dann über den bekannten Hinweg.

✔ Nicht versäumen:

Oberstaufen ist als Kurort vor allem für seine Schrothkur bekannt, die 1949 durch den Kurarzt Hermann Brosig erfunden wurde. In seiner Fußgängerzone und entlang der Hauptstraße finden wir jede Menge Cafés, Eisdielen und Restaurants für einen Stopp. Sehr interessant ist auch das Heimatmuseum Strumpfar, das sich auf einem völlig neu gestalteten Museumgelände befindet. Dieses kleine, aber sehr feine Freilichtmuseum ist liebevoll mit Teich und Bachlauf und einigen weiteren Gebäuden ausgestattet. Vor allem liegt es perfekt für uns, denn wir radeln bei unserer Weiterfahrt direkt daran vorbei.

Bergauf und bergab kostet diese Radtour schon einige Kraft und Anstrengung.

✔ Hier geht's lang

Ausgangs- und Endpunkt: Bahnhof Immenstadt

Tourencharakter: Sehr lohnenswerte, aber anstrengende Rundtour mit vielen Steigungen auf den ersten 2/3 Wegstrecke. Sehr gutes Trekkingrad oder Mountainbike sind nötig, noch besser ist ein E-Bike.

Bahn: Mit dem Zug direkt bis Immenstadt

Auto: Auf der B12 oder der A7 nach Kempten, weiter auf der A7 zum Dreieck Allgäu, weiter auf der A980 zur Ausfahrt Waltenhofen und auf der B19 nach Immenstadt. Entweder in Immenstadt parken oder gleich am Großen Alpsee beim AlpSeeHaus. Das spart vier Kilometer, der Parkplatz ist jedoch im Sommer hoffnungslos überfüllt.

Übernachtung: In Thalkirchdorf zwischen Immenstadt und Oberstaufen kann man über dem Restaurant und Dorfladen in den liebevoll eingerichteten Chalets übernachten. Ein perfekter Mix aus Tradition und Moderne mit einem Hauch von Luxus (www.dorfhaus.de).

Einkehr: Unterwegs mehrere Einkehrmöglichkeiten, sehr gut sind die Küche und das süffige Bier im Schäffler Bräu an der Hauptstraße in Missen-Wilhams. Viele Möglichkeiten gibt es auch in Oberstaufen: Sehr nett ist dort das Blaue Café oder das Gasthaus Altstaufener Einkehr. Thalkirchdorf: Das Restaurant Dorfhaus verführt zu ganz besonderen Schlemmereien. In der Küche dreht sich fast alles um Käse, ein Dorfladen ist angeschlossen.

Information: www.alpsee-gruenten.de

24 Mittel | 30 km | 550 Hm | 3.15 Std.

Illertal und Hörnerdörfer

Im Herzen des Allgäus

Mitten durch das idyllische Oberallgäu, umrahmt von Bergen und entlang der Iller führt diese Tour. Bolsterlang, Obermaiselstein, Balderschwang und Ofterschwang sind Dörfer, die erhöht auf einem Plateau stehen. Man nennt sie Hörnerdörfer, denn die Namen der Berge, zu deren Füssen sie liegen, enden auf das Wort Horn.

✓ Darum einzigartig

Mitten durch das Herzstück im Allgäu führt diese Radrunde. Die Lage mit der sensationellen Aussicht auf die Allgäuer Hochalpen macht sie zu einer unvergesslichen Tour. Zudem liegen gleich zwei große Natursehenswürdigkeiten am Weg. Zum einen die Sturmannshöhle bei Obermaiselstein, zum anderen der Illerursprung bei Oberstdorf.

Entlang der Breitach Wir starten am Bahnhof in Oberstdorf und radeln, das Bahnhofsgebäude in unserem Rücken, rechts haltend über den Bahnhofsplatz in die Poststraße hinein. Am Kreisverkehr halten wir uns erneut rechts und nun geht es auf der Sonthofener Straße ortsauswärts. Ab dem nächsten Kreisverkehr, hier weiter geradeaus, gibt es für uns einen bequemen und sicheren Radweg neben der Autostraße. Kurz vor der Firma Geiger biegt der Radweg nach links, wir wechseln die Straßenseite und erreichen weiter in ursprünglicher Fahrtrichtung geradeaus über einen Kreisverkehr und über die Breitach den McDonalds und das Explorer Hotel. Hier biegen wir links in das Breitachtal ein und folgen auf einem Radweg dem Flusslauf aufwärts. Der nächste Ort ist Weidach, hier teilt sich die Straße. Links geht es zur Breitachklamm, wir aber halten uns rechts und folgen bergauf der Beschilderung nach Tiefenbach/Obermaiselstein. In Tiefenbach haben wir den ersten und größten Anstieg geschafft. Am Ortsende beginnt wieder ein Radweg, der uns zum Aussichtspunkt Hirschsprung bringt. Von dort hat man einen großartigen Blick über die Hochebene der Hörnerdörfer auf den nahen Grünten, der durch seine Antennen am Gipfelaufbau immer leicht zu identifizieren ist.

Die Hörnerdörfer Nach dem Aussichtspunkt biegt unser Radweg links ab, unser nächstes Ziel Obermaiselstein liegt schon vor uns. Dort stoßen wir wieder auf die größere Ortsstraße, der wir nach links folgen. Wer möchte, kann von dort zu einem Abstecher zur Sturmannshöhle aufbrechen. Sie lässt sich aber nur zu Fuß besichtigen. Noch in Obermaiselstein mündet unser Radweg in eine größere Straße, auf die wir nach links einbiegen. Keine Angst, wir radeln nun nicht auf den Riedbergpass, sondern biegen nach dem auffälligen Holzgeschäft mit Allgäuer Zierbrunnen rechts auf die überdachte Brücke über die Schönberger Ache ein. So kommen wir über Sonderdorf nach Bolsterlang.

Von Bolsterlang genießen wir den Blick auf die Allgäuer Hochalpen.

Hier weist uns am Rathaus ein Radwegschild nach rechts und dann gleich wieder links in die Flurstraße. Am Kindergarten vorbei verlassen wir Bolsterlang und radeln nun über Wiesen und Felder stets der Beschilderung »Sonthofen« nach. Die kleine Straße führt im Zickzack weiter. Die Aussicht nach Osten und Süden auf die Berge von Oberstdorf lässt keine Wünsche offen. Vor uns liegen die höchsten Gipfel der Allgäuer Hochalpen, wie Trettachspitze, Hochfrottspitze, Höfats, Rubihorn, Nebelhorn oder der Große Daumen. In Untermühlegg geht es links leicht abwärts nach Tiefenberg, das aber immer noch ein gutes Stück über der Iller auf dem Hochufer liegt. Mit weiter Sicht über das obere Illertal und seine Dörfer verlassen wir das Hochufer und radeln weiter in nördlicher Richtung auf dem Radweg entlang der B19 über Sigishofen nach Sonthofen, das wir an der Illerbrücke erreichen. Für eine Stadtbesichtigung oder eine Einkehr radeln wir von hier in wenigen Minuten ins Stadtzentrum. Anschließend setzen wir an dieser Brücke unsere Rundtour fort.

Illerradweg Von der Illerbrücke biegen wir auf den Illerradweg ein und radeln nun flussaufwärts, die Iller zu unserer rechten Seite. Oberstdorf ist perfekt ausgeschildert. Stets mit Blick auf die Allgäuer Berge geht es flott und fast eben dahin. Vorbei an einigen Altwasserbecken passieren wir mit Abstand Altstätten. Als Nächstes nähern wir uns dem Schöllanger Burgberg mit der auffälligen Burgkirche, die hoch über dem Illertal thront. Bevor wir sie erreichen, wechseln wir bei Fischen das Ufer. Entlang der Kiesbänke sehen wir auf der anderen Seite ein letztes Stück Steilufer, dann müssen wir unbedingt bei Rubi erneut die Seite wechseln. Nur so kommen wir direkt an den Illerursprung, wo wir vor dem letzten Stück Weg noch eine Pause einlegen können.

Der Iller folgen wir flussaufwärts.

Illerursprung Die Iller ist kein Quellfluss, sondern entsteht durch die Vereinigung der Trettach, Breitach und Stillach. Für den Beginn des 147 Kilometer langen Flusses, der schließlich bei Ulm in die Donau mündet, wurde extra ein Denkmal aufgestellt. Dabei überwindet sie ein Höhenunterschied von über 300 Metern. Ab dem Illerursprung wendet sich unser Radweg nach links und verläuft nun entlang der Trettach. Gleich darauf treffen wir am Campingplatz Rubicamp auf eine geteerte Straße. Wir queren die Straße und radeln weiter entlang der Trettach. Erst an der nächsten Möglichkeit queren wir den Fluss nach links und biegen danach rechts ein. Die Straße führt uns in einer Linkskurve am Friedhof vorbei, dann biegen wir rechts in die Gerberstraße ein, die uns zur Bahnhofstraße führt. Jetzt sind es nur noch wenige Pedalumdrehungen und wir haben den Startplatz unserer Tour am Bahnhof wieder erreicht.

✔ Nicht versäumen:

Oberstdorf, das oberste Dorf im Allgäu, hat eine lange Geschichte. Ausgrabungen zeigen, dass bereits im 6. Jh. zahlreiche Familien die umliegenden Täler besiedelten. 1495 verlieh König Maximilian, der spätere Kaiser, dem Ort das Marktrecht. Damals, im 15. Jh., kam Oberstdorf unter die Herrschaft der Augsburger Bischöfe. Erst mit der Säkularisation wurde es dem Königreich Bayern zugeschlagen. Der Fremdenverkehr begann ab der Mitte des 19. Jh. zaghaft zu wachsen. 1856 boten 30 Häuser im Ort Zimmer für Gäste an. Einen Rückschlag brachte der große Brand, der 1865 zwei Drittel aller Häuser vernichtete. Doch die Oberstdorfer gaben nicht auf, schon 20 Jahre später wird von 2353 Übernachtungsgästen berichtet. Als drei Jahre später die Eisenbahn Oberstdorf erreichte, begann der Fremdenverkehr die Landwirtschaft als Einnahmequelle zu überholen. So ist – mit Unterbrechungen – Oberstdorf bis heute das wichtigste Tourismuszentrum im Allgäu.

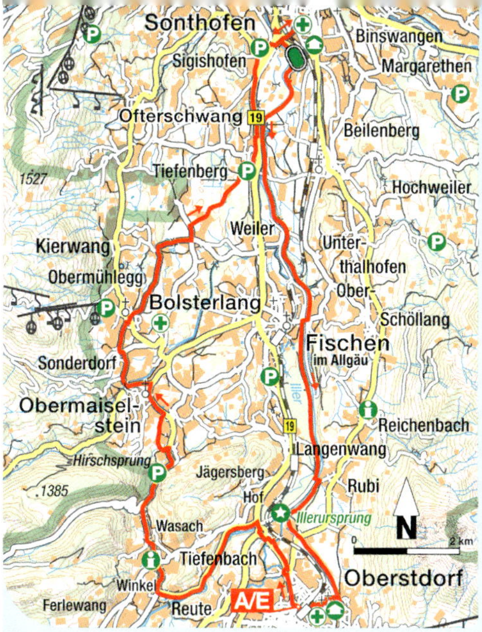

In Sonthofen haben wir den anstrengenden Teil der Radrunde geschafft.

✔ Hier geht's lang

Ausgangs- und Endpunkt: Bahnhof Oberstdorf

Tourencharakter: Meist auf Radwegen und kleinen Nebenstraßen verläuft diese Rundtour. In der ersten Hälfte erwarten uns einige Höhenmeter. Die zweite Hälfte verläuft fast vollkommen flach auf dem Illeradweg.

Bahn: Mit dem Zug direkt bis Oberstdorf

Auto: Auf der B 19 über Immenstadt, Sonthofen nach Oberstdorf. Viele gebührenpflichtige größere Parkplätze in und nahe am Zentrum von Oberstdorf

Übernachtung: Das Explorer Hotel Oberstdorf liegt etwas außerhalb des Ortes und ist fast unschlagbar im Preis-Leistungs-Verhältnis. Schöne moderne Zimmer, gesundes Frühstück und eine Fahrradwerkstatt – perfekt für aktive Familien (www.explorer-hotels.de).

Einkehr: Unterwegs bis Sonthofen mehrere Einkehrmöglichkeiten, entlang des Illerradwegs sind Gasthäuser nur mit Abstechern z. B. nach Fischen erreichbar.

Information: www.oberstdorf.de

25 Mittel | 27 km | 400 Hm | 3 Std.

Von Lindau durch das Leiblachtal

Geheimtipp am Bodensee

Durch das idyllische Leiblachtal, vorbei an Apfelplantagen, geht es ins Hinterland von Lindau. Abwechslungsreich und immer wieder gespickt mit herrlichen Aussichten über den Bodensee radelt man mit Blick auf die Bregenzer und Schweizer Berge zurück nach Lindau. So bleibt Zeit, um die wunderschöne Altstadt zu erkunden.

✔ Darum einzigartig

Die Gegend um Lindau ist die westlichste Ecke des Allgäus und damit auch Bayerns. Der Bodensee ist ein Eldorado für Fahrradfans, aber dementsprechend ist es besonders auf dem beliebten Bodensee-Rundweg schon einmal voll. Als Alternative und Geheimtipp gilt die Tour hinauf nach Hergensweiler. Wir radeln durch eine faszinierende Landschaft, die von den Bergen zum Bodensee hinabfällt und immer wieder weite Aussichten bis zu den nahen Schweizer Bergen erlaubt.

Lindau und Bodenseeufer Wir beginnen unsere Tour am Bahnhof auf der Lindauer Insel und wenden uns, das Bahnhofsgebäude im Rücken, nach links. Wir folgen so stets in Gleisnähe dem Straßenverlauf in die Dammsteggasse und sind kurz darauf verkehrsberuhigt auf der Dammbrücke unterwegs, die das Festland mit der Insel verbindet. Rechts von uns liegt der »Kleine See«, auf dem im Sommer viele Segelboote liegen. Kaum haben wir das Ufer erreicht, geht es rechts zwischen den Häusern durch bis zum großen Kreisverkehr »Europaplatz«. Von dort radeln wir rechts auf der Bregenzer Straße und halten uns vor dem Bahnübergang erneut rechts. Jetzt fahren wir zwischen den Gleisen und dem Seeufer auf der Ladestraße. Uns begleitet heute die Radwegbeschilderung »Leiblachtal-Runde« mit der »Nr. 2«, sodass es nicht schwierig wird den Weg zu finden. Sie endet in der Eichwaldstraße, auf der es für uns nach rechts weiter geht. Wir passieren das Strandbad Eichwald und stoßen dann, die Gleise querend, wieder auf die Bregenzer Straße. Diesmal überqueren wir sie und fahren auf ihr etwa 200 Meter links zurück und biegen dann rechts, dem Radwegpfeil folgend, in den Park ab. Nach den Sportanlagen wird der Weg zur Gerhart-Hauptmann-Straße, die uns auf einer Brücke über die Autobahn bringt. Bei Oberhochsteg geht es zuerst nach links, und schon nach knapp 100 Metern in spitzem Winkel nach rechts in den Hangnachweg. Nun sind wir auf einem Teilstück des Bodensee-Königssee-Radwegs unterwegs. Rechts unter uns fließt der Grenzfluss zwischen Österreich und Deutschland, die Leiblach, der wir nun ein gutes Stück folgen werden.

Durch das Leiblachtal Wir fahren durch einen lichten Auwald, bis uns nach etwa 750 Metern das Schild »Waldschenke« zu einem Abstecher lockt. Leider hat das mexi-

Hafen mit Mangturm von Lindau

Am Ende der Tour ist sicherlich noch Zeit für einen Spaziergang durch die Lindauer Altstadt.

kanische Restaurant erst am Nachmittag geöffnet, nur am Wochenende bekommen wir auch über Mittag etwas zu essen und zu trinken. Ansonsten geht es weiter auf der Leiblachstraße in Fahrtrichtung. Ihr folgen wir mit mehr oder weniger Abstand zum Fluss. Nun steigt die Straße stetig an und nach einem kleinen Wäldchen kommen wir nach Thumen. Es liegt an der alten Landstraße, die später zur Deutschen Alpenstraße wurde, aber damals schon um die Orte geführt wurde. Alte Landstraße heißt auch heute noch die Straße in Thumen, in die wir nach rechts abbiegen.

Bei der nächsten Querstraße geht es links zur B308, eben zur Deutschen Alpenstraße. Auf dem Fahrradweg neben ihr fahren wir 500 Meter nach rechts. Dann biegen wir vor der großen Kurve links ab, fahren (oder schieben) den Berg hinauf und nähern uns über zwei Kurven (die erste links, die zweite rechts) Hergensweiler.

Bevor wir im Ort sind, lohnt sich links der Abstecher hinauf zur deutlich sichtbaren Kapelle. Das winzige Kirchlein auf dem Hügel ist dem Hl. Antonius geweiht und heute das evangelische Gotteshaus. Es stammt noch aus der Zeit der Pest, man hat dort die Pesttoten begraben. Dieser kleine Umweg lohnt vor allem wegen der Aussicht, denn diese ist einfach sensationell und reicht weit über die Hügel zum Bodensee mit Bregenz und den nahen Schweizer Alpen. Für uns der schönste Platz für eine mitgebrachte Brotzeit. Nach dem Besuch radeln wir nach Hergensweiler. Geradeaus geht es in die Dorfmitte und zum Gasthaus Alte Post. Ansonsten führt uns links die Bahnhofstraße mit einem weiteren Linksmanöver zum alten, denkmalgeschützten Bahnhof von Hergensweiler.

Von den Wiesen bei Hergensweiler auf den Pfänderrücken

Traumhafte Aussichten Von dort treten wir die Rückfahrt an. Völlig entspannt rollen wir leicht bergab an den Gleisen entlang nach Süden. Dabei werden uns über die ganze Strecke immer wieder traumhafte Aussichten geschenkt. Die Bahn überquerend erreichen wir in einem Bogen und nach einer scharfen Linkskurve den Weiler Mollenberg. Unsere Straße berührt den Ort nur und führt geradeaus auf ein Wäldchen zu, an dessen Rand wir vorbeiradeln. Dann geht es über weite Streuobstwiesen zum Weiler Heimholz. Wir biegen rechts ab, überqueren nochmals die Bahn und erreichen auf der Heimholzer Straße den lang gestreckten Ort Schlachters. Hier folgen wir der Hauptstraße in den Ort und biegen links in die Weiherstraße ein, die uns zum Schlachterner Weiher bringt.

Ein Naturjuwel Der naturbelassene Weiher bietet sich zur Abkühlung im Sommer an. Der Schlachterner Weiher ist nicht natürlich entstanden, sondern ein Relikt der beginnenden Industrialisierung. Das Wasser des aufgestauten Sees hat früher ein kleines Elektrizitätswerk angetrieben, um das Dornier-Werk in Lindau mit Strom zu versorgen. Strom gibt es heute genügend, das Minikraftwerk wurde abgebaut und der Weiher begann langsam zu verlanden. Die Peter-Dornier-Stiftung, Eigentümer des Weihers, überließ ihn dem Bund Naturschutz mit der Maßgabe, hier wieder ein natürliches Pflanzen- und Tierleben entstehen zu lassen.

Nach einem letzten Abfischen und Auslichten des Uferbewuchses überließ man den Weiher sich selbst. Die Anstrengungen wurden belohnt. Im Weiher leben heute ohne künstlichen Besatz einheimische Fische und an seinen Ufern haben sich nicht weniger als 27 Libellenarten angesiedelt.

Die Leiblach bei Egghalden

Wir fahren am Südufer des Weihers entlang, überqueren auf einer Brücke die Autobahn und biegen gleich danach links ab. Nach einem Waldstück und dem Weiler Oberhof stoßen wir auf die Mühlenstraße, der wir nach links folgen. Unter der Bodensee-Schnellstraße durch führt unser Weg zuerst zwischen Waldrand und Gewerbegebiet durch und dann an Apfelplantagen vorbei nach Streitelsfingen, das wir durchqueren. Am Ortsende, mit prächtigem Blick auf den Bodensee, steht das Montfort-Schlössle, heute ein stilvolles Hotel. Wir folgen der Straße am Hotel vorbei abwärts und erreichen rasch die ersten Häuser der Stadt Lindau.

Auf die Insel Zurück auf die Insel ist es nun am leichtesten, wie bei einer Schnitzeljagd der Beschilderung »Lindau Insel« durch das Straßengewirr zu folgen. Die große Richtung gibt der See im Hintergrund an, überdies geht es fast immer bergab. Aber schließlich erreichen wir wieder den großen Kreisverkehr und können diesmal über die Brücke der Chelles-Allee zurück auf die Insel radeln. Dort halten wir uns beim Kreisverkehr rechts, fahren die Stadtmauer entlang und biegen dann irgendwo links ab. Durch die Gassen stoßen wir auf die Maximilianstraße, die gute Stube der Stadt mit dem von Fresken geschmückten Rathaus. Das ist der beste Beginn für eine abschließende Stadtbesichtigung, aber Achtung, einige der Gassen sind reine Fußgängerzonen, hier ist Schieben angesagt. Irgendwann enden wir am Hafen und der liegt nur wenige Meter vom Bahnhof entfernt.

✔ Nicht versäumen:

Den Hafen von Lindau markiert ein Bayerischer Löwe und der einzige Leuchtturm Bayerns. Auf ihn kann man steigen und genießt dabei einen herrlichen Überblick. Auffallend sind die Türme: Der Mangturm mit seinem bunten Ziegeldach war einst Vorgänger des heutigen Leuchtturmes. Die anderen sind Kirchtürme und gehören zur Pfarrkirche, dem Münster Unserer Lieben Frau und zur evangelischen Stephanskirche. Vom Hafen schlendern wir durch die Gassen und besuchen die Maximilianstraße, die große Flanier- und Einkaufsmeile der Altstadt. Ihr architektonischer Höhepunkt ist das Alte Rathaus, das schon 1422 in der Zeit der Gotik erbaut wurde. Das heutige Renaissancegesicht bekam es etwa 150 Jahre später einfach vorgeblendet. Zum Abschluss gehen wir zum Bahnhof, der für seinen feinen Jugendstil berühmt ist.

Vom Bodenseeufer genießen wir einen weiten Blick hinein in die Schweizer Berge.

✔ Hier geht's lang

Ausgangs- und Endpunkt: Lindau Bahnhof

Tourencharakter: Rundtour meist auf geteerten, aber wenig befahrenen Straßen. In Lindau muss allerdings mit stärkerem Verkehr gerechnet werden. Einige kleinere Steigungen sind vor allem am Hinweg zu bewältigen. Badesachen nicht vergessen!

Bahn: Mit dem Zug nach Lindau, Endstation, der Bahnlinie

Auto: Von der A 96 München–Lindau Ausfahrt Lindau, Beschilderung für Insel Lindau folgen und dann weiter der Beschilderung zum Bahnhof folgen. Es gibt einen großen Parkplatz am südwestlichen Inselende in der Nähe des Bahnhofes.

Übernachtung: Das Hotel Adler liegt etwas außerhalb von Lindau in einem wunderschön restaurierten historischen Fachwerkhaus. Der angeschlossene Gasthof ist weit über die Region hinaus für seine gute schwäbische Küche bekannt. Sehr gutes Preis-Leistungs-verhältnis (www.adler-lindau.de).

Einkehr: Lindau bietet gerade nach der Radtour eine fast grenzenlose Auswahl an Gaststätten aller Art. In Hergensweiler gibt es eine Pizzeria in der Alten Post. Das mexikanische Gasthaus Waldschenke hat nur am Wochenende untertags geöffnet.

Information: www.lindau.de

Überall im Allgäu trifft man auf alte Baunerhäuser, die mit Holzschindeln verkleidet sind.

Allgäuer Radrunde

Allgäus schönste und beste Ecken

Die Allgäuer Radrunde geht eigene Wege. So erkunden wir auf der 7-Tages-Tour die schönsten und interessantesten Ecken im Allgäu. Wem das zu lange ist, der kann jederzeit abkürzen und die eine oder andere Alternativroute wählen. Insgesamt geht es durch acht Erlebnisbereiche – Panoramablicke sind dabei immer miteingeschlossen.

✔ Darum einzigartig

Es ist von allem etwas dabei: Schöner und intensiver kann man das Allgäu nicht erkunden. Seen und Weiher, Flüsse und Bäche, Hügel und Höhenrücken, Moore und Wälder, Tobel und Schluchten und dazu jede Menge Aussichtslogen. Dazwischen Burgen, Ruinen, Museen, kleine Städte, aber auch bezaubernde Klöster und viele idyllische Kapellen. Abgesehen vom kulinarischen Genuss feinster Käseproduktionen in lokalen Sennereien, knusprigen Seelenstangen der heimischen Bäcker und dem einen oder anderen hausgebrauten Glas Gerstensaft. Mehr Allgäu geht nicht!

Alleine schon der Startplatz ist perfekt gewählt. Füssen im Ostallgäu gilt als die Stadt des Märchenkönigs Ludwig II. Das Schloss Neuschwanstein mit den dahinter aufragenden Ammergauer Alpen ist genauso wie einige weitere Sehenswürdigkeiten in der Umgebung tausendfach fotografiert und dabei doch immer wieder unendlich schön. Und so starten wir durch die Landschaft des Märchenkönigs Ludwig II., wir genießen den Forggensee, durch den der Lech fließt und auf dessen Grund die ehemalige Römerstraße Via Julia führt. Über grüne Hügel geht es nach Norden, vorbei an Kultplätzen wie den Auerberg und durch die prächtige markgräfliche Allee von Marktoberdorf. Entlang der Wertach radeln wir dann durch Kaufbeuren, die Stadt der Hl. Kreszentia, weiter nach Bad Wörishofen, wo einst Pfarrer Kneipp das Wassertreten erfunden hat. Von Bad Wörishofen folgen wir den Spuren des Pfarrers Kneipp in die hügelige Moränenlandschaft im Unterallgäu. Die Glückswege führen einsam und fernab der großen Allgäuer Touristenströme durch eine unverfälschte Naturlandschaft. Wald und Wiesen wechseln sich ab, der erste besondere Höhepunkt ist die Basilika von Ottobeuren. Ein barockes Gesamtkunstwerk. Dann geht es Schlag auf Schlag: Memmingen mit seinem herrlichen Marktplatz samt prachtvollem Steuerhaus und dem nicht minder großartigen Rathaus sowie dem Siebendächerhaus der Gerber muss man gesehen haben. Auch die Martinskirche, die mit einem reichhaltigen Chorgestühl aufwarten kann, ist unübertroffen. Danach geht es schon wieder in südliche Richtung und in Bad Grönenbach mit seinem Schloss und Schaugarten endet diese Etappe.

Ottobeuren und sein berühmtes Kloster

Viele Naturschätze erwarten uns auf der Tagestour nach Kißlegg. Die Landstriche sind geprägt von eiszeitlichen Mooren. Auf der Strecke radeln wir über die Iller, wobei wir den ersten Halt bereits im Freilichtmuseum von Illerbeuren einlegen können, um noch mehr über die Geschichte und die Traditionen des Allgäus zu erfahren. Weiter geht es über Leutkirch nach Bad Wurzach mit seinem berühmten Wurzacher Ried, das mit einem Abstecher zu erreichen ist. Das Ried zählt zu den größten noch intakten Hochmoorgebieten Mitteleuropas. Mehr als 700 Pflanzenarten und rund 1 500 verschiedene Tierarten sind in diesem Naturschatz zu Hause. Vorbei am Rohrsee und den Weihern von Immenried erreichen wir Kißlegg mit seinem alten Schloss.

Jetzt sind wir in Baden-Württemberg angekommen und auf der vierten Etappe fahren wir im Zickzack über Wolfegg, Waldburg und Amtszell nach Wangen, ein Städtchen, für das man sicherlich etwas Zeit benötigt. Hinter Wangen wird es dann anstrengender und die Steigungen beginnen. Kein Wunder, denn hier haben die Flüsse tiefe Kerben in die Landschaft geschnitten. Langsam nähern wir uns den Bergen. Für heute geht es jedoch nur bis nach Isny. Zwischen Isny und Immenstadt hat der Gletscher mit tiefen Einschnitten die Landschaft geprägt. Tobel, schroffe Schluchten und Wasserfälle begegnen uns auf der Tour. Deswegen nennt sich dieser Abschnitt auch die Westallgäuer Wasserwege. Das sind natürlich Höhepunkte. Aber auch Gaumenfreuden kommen nicht zu kurz, denn nun liegen viele Sennereien am Weg.

Unzählige Variationen und Radtouren sind im Allgäu möglich.

Über Lindenberg mit seinem Hutmuseum geht es aufwärts nach Scheidegg, der sonnenreichen Aussichtsloge im Allgäu. Der nächste Taleinschnitt muss natürlich auch wieder aufwärtsgeradelt werden und so kostet uns der Weg nach Weiler-Simmerberg und Stiefenhofen einige Schweißperlen. Entspannung gibt es in Oberstaufen oder am Großen Alpsee, bevor wir es uns in Immenstadt gemütlich machen.

Berge, Berge und nochmals Berge stehen auf dem Streckenabschnitt von Immenstadt nach Jungholz auf dem Programm. So radeln wir im leichten Auf und Ab über die Hörnerdörfer (siehe Tour 24) ins Illertal bei Fischen. Gemütlich geht es dann entlang des Gebirgsflusses Iller Richtung Norden. Über Sonthofen und Burgberg werden wir bis Rettenberg, dem Allgäuer Brauereidorf, die ersten Höhenmeter bewältigen. Nach einer Pause hat man bestimmt Kraft getankt, um über die aussichtsreichen Hohenrücken zum Rottachspeichersee zu gelangen. Von dort gilt es, die nächste Hürde zu bewältigen, aber die sensationellen Aussichten bei Oy-Mittelberg entschädigen für alles. Danach ist es fast ein Kinderspiel, über den Grüntensee nach Wertach zu gelangen, der letzte Stopp vor dem Finale entlang des Flusses nach Jungholz, der österreichischen Enklave,

Und was wäre das Allgäu, ohne so richtig in den Bergen zu sein? So geht es am letzten Tag hinauf Richtung Oberjoch. Aber schon in Unterjoch biegen wir links ein und kommen stets aufwärts über die Grenze nach Schattwald in Tirol. Nun sind wir im Thannheimer Tal unterwegs und radeln wie in Tour 22, nur in entgegengesetzter Richtung. So kommt man an Grän vorbei ins Engetal und weiter über die bayerische Grenze durch das Achtal nach Pfronten. Jetzt ist das Ende der Tour schon in greifbarer Nähe, aber noch liegen die Burgruinen von Eisenberg und der wunderbare Hopfensee dazwischen. Ein perfekter und gemütlicher Ausklang nach einer ganzen Woche Raderlebnis im Allgäu.

Kleine und große Sehenswürdigkeiten wie Bad Grönenbach liegen auf der Strecke.

● Schwer | 475 km | 7 Tage

✔ Hier geht's lang

Ausgangspunkt: Füssen

Endpunkt: Füssen

Tourencharakter: Abwechslungsreiche Tour durch Bayern, teilweise auch durch Baden-Württemberg und Tirol. Das Allgäu ist hügelig, im Süden gibt es sogar hohe Berge. Diese werden zwar nicht direkt angesteuert, trotzdem kommen viele Höhenmeter zusammen. Viele Abschnitte führen aber auch entlang von Flussufern, manchmal auch auf alten Bahntrassen. Die Tour lässt sich auch an einem der anderen Orte der Tagesetappen starten.

Information: www.allgaeu.de

Am Innradweg

Register

Weg am Rohnbach zwischen Schliersee und Wörnsmühl (Tour 13)

Zugabe:

Die Herausforderung

Wir haben beim Schreiben dieses Buches zurecht festgestellt, dass es – im Gegensatz zu unseren »Die 25 schönsten Wanderungen in Bayern« – einen größeren Umfang benötigt. Erfreulicherweise hat die Redaktion des J. Berg Verlags die Umfangerweiterung möglich gemacht.

So konnten wir das eine oder andere Highlight entlang der Strecke genauer beschreiben, denn bei einer Radtour legen wir viel größere Entfernungen zurück als bei einer Wanderung. Und Sie können sich sicherlich vorstellen, wie viel Schönes es bereits bei kurzen Entfernungen zu sehen gibt.

Das Beste

Trotzdem bietet dieses Buch leider nur Platz für die 25 Highlights. Wir haben versucht, uns für die schönsten, sehenswertesten und vielfältigsten Radtouren zu entscheiden. Schweren Herzens haben wir jedoch auf einige verzichten müssen, die definitiv einen Platz verdient hätten: die Schmetterlingsradtour bei Schillingsfürst, von Nördlingen ins Ries, durch das Murnauer Moos, vom Chiemsee ins Sachranger Tal, rund um Hof oder von Miltenberg durch den Odenwald, um nur ein paar zu nennen. Dennoch ist es immer wieder spannend für uns, über so viel Neues und Interessantes in Bayern zu schreiben.

Wir wünschen nun allen Radfreunden nur Sonnenschein, stets Rückenwind, immer genügend Luft im Reifen und natürlich eine einzigartige, tolle und unvergessliche Zeit beim Erfahren und Entdecken der schönsten Radtouren in Bayern.

Haflinger auf einer Wiese in Bad Heilbrunn (Tour 14)

Impressum

Verantwortlich: Dr. Johannes Abdullahi
Redaktion: Marcus Taeschner
Layout und Umschlag: A flock of sheep, Marcus Taeschner
Titelillustration: Marcus Taeschner, unter Verwendung eines Fotos von umomos/shutterstock.com
Repro: Repro Ludwig
Kartografie: Bruckmann Verlag GmbH, Heidi Schmalfuß
Herstellung: Bettina Schippel
Printed in Slovenia by Florjancic

Unser komplettes Programm finden Sie unter www.j-berg-verlag.de

★★★★★

Sind Sie mit diesem Titel zufrieden? Dann würden wir uns über Ihre Weiterempfehlung freuen.
Erzählen Sie es im Freundeskreis, berichten Sie Ihrem Buchhändler, oder bewerten Sie bei Onlinekauf.
Und wenn Sie Kritik, Korrekturen, Aktualisierungen haben, freuen wir uns über Ihre Nachricht an J. Berg Verlag, Postfach 40 02 09, D-80702 München oder per E-Mail an lektorat@verlagshaus.de.

In diesem Buch wird aus Gründen der besseren Lesbarkeit das generische Maskulinum verwendet. Weibliche und anderweitige Geschlechteridentitäten werden dabei ausdrücklich mitgemeint, soweit es für die Aussage erforderlich ist.

Empfehlung der Redaktion: Sie sind auf der Suche nach weiterführender Literatur? Dann empfehlen wir Ihnen den Titel »Radtouren für Langschläfer Oberbayern« von Lisa und Wilfried Bahnmüller. Oder Sie werfen einen Blick in die Zeitschrift »BERGSTEIGER«. Hier werden Sie bestimmt fündig.

Bildnachweis: Alle Bilder im Innenteil und auf der Umschlagrückseite stammen von den Autoren.
Umschlagrückseite: An der Naab

Die Deutsche Nationalbibliothek verzeichnet diese Publikation in der Deutschen Nationalbibliografie; detaillierte bibliografische Daten sind im Internet über http://dnb.d-nb.de abrufbar.

ISBN: 978-3-86246-745-7